快別再錯過～

好父母的12堂課

王淑俐／著
胡鈞怡／內文繪圖

作者簡介

王淑俐

學歷：國立台灣師範大學教育學博士

現任：國立台北教育大學、台北市立教育大學、國立台灣科技
　　　大學、國立政治大學、世新大學、中國文化大學等校兼
　　　任教授

　　　國家教育研究院、司法研習所、台北市教師研習中心、
　　　國家文官培訓所講座

　　　中華民國演說藝術學會顧問

　　　「教育和平工作團」發起人

　　　溫世仁基金會「閱讀教學」推動人

專長：1. 情緒管理與壓力紓解　　5. 閱讀與寫作教學

　　　2. 創意生涯與時間管理　　6. 溝通與口語表達訓練

　　　3. 教學技巧與評鑑　　　　7. 激勵技巧與自信重建

　　　4. 教育及學校行政溝通　　8. 教師與父母說話效能

電子信箱：liliwang0827@yahoo.com.tw

我該快點完成這本書

《中庸》第一章：「天命之謂性，率性之謂道，修道之謂教。」教育工程，真的比蓋 101 大樓還要艱困。

2007 年 9 月開學後不久，台北市某國中一位剛升上國三、成績優異的劉姓男生，放學後遲遲未歸；家長四處尋找不到，第二天早上竟被發現陳屍在學校廁所內，以塑膠袋套頭自殺身亡，他的左手臂上，還留有原子筆寫的：

「爸爸要打就打、要罵就罵。」

「媽！對不起！我沒辦法了，再見！」

檢警一度懷疑，此案涉及不當管教；查驗劉生身上，又無可疑傷痕。從孩子的「遺言」看來，令人怵目驚心。沒有任何父母會「故意」逼孩子，走向那樣的結局。但，看到孩子如此消沉的感受，所有父母仍應深思、自省並引以為戒。所以，這本書必須快寫，以免再錯失挽救孩子生命的時機。

第二個需要快寫的理由是，我國的離婚率上升（亞洲第二名），單親及繼親家庭日增，衍生的教育問題已不容忽視。單親或繼親家庭不等於問題家庭，只要父母承擔教養責任、懂得教育方

法，一樣可以把孩子教好。我也出自於單親家庭，與弟妹四人如今能夠「自立」，大部分歸功於我的單親爸爸，他付出了雙倍的力氣引導我們。否則，當年母親離家我們分別才 8 歲、6 歲、4 歲及 2 歲；在沒有媽媽的日子裡，該何去何從？

單親爸爸養大的四個孩子

　　我讀國中時爸爸再婚，中學六年與後母的相處遭遇許多困難。讀大學前，後母與父親離異。之後，爸爸又繼續單親教養：當時弟弟 16 歲，讀私立五專一年級；大妹 14 歲，讀國二；小妹 12 歲，讀小六。爸爸在經濟及精神上的擔子都很重，真不知用了什麼「絕招」、吃了多少「苦頭」，才讓大家得以度過難關，使兒

女都能自立自強。他知道唯有「自立」，才是留給孩子最大的財產。爸爸造就了我們，卻沒能享受子女的回報。2004年2月21日，他離開了一生心血所寄的四個孩子。誠如張惠妹唱給張雨生、表達感恩之心的歌曲──「後知後覺」；我們對最敬愛的父親，也有無盡的感謝：

> 你給我安慰，我不致頹廢；你寬容慈悲，我能振翅高飛。

寫這本書是**為了讓爸爸知道，我們沒有一刻忘記他單親教養的辛苦與恩德**。爸爸應該獲得「教育榮譽博士」，因為他很會教小孩：為了幫我們爭取前途，以「絕不放棄」的精神，「窮則變，變則通」，找到各種適應孩子資質、性格的教育訣竅。也趁此鼓勵所有單親父母，不要灰心、氣餒。健全家庭的父母更該合作，不要讓其中一人孤軍奮鬥，或因彼此教養觀念不一致，而使處境更為艱難。如今雙薪家庭愈來愈多，父母忙於工作、身心疲憊，更要共同分攤家務及教養之責，以免子女成為「人球」或「出氣筒」。

寫這本書的第三個理由，是**為了讓每一個小孩，都能依其資質、需要，獲得應有的栽培**。國人的傳統觀念──「萬般皆下品，惟有讀書高」，以及「望子成龍，望女成鳳」、「光耀門楣」等，使得孩子不管是考試得高分或低分，都承受很大的壓力；不一定能按自己的興趣、能力，選擇屬於自己的人生。

真正的好父母，能付出心力，陪伴及協助孩子追逐夢想。能

偉大的老爹

為了孩子的成長與發展，自我教育與成長，不會消極的放棄孩子或揠苗助長。教育問題的根源在家庭，所以解決問題就得從每位家長開始。但，如何拿捏教養的分寸，給孩子最適當的教育，並不是一件容易的事。從事各行各業，都有職前教育與在職進修；「親職」是否也一樣？親愛的好父母，別再錯過這一次的學習了。

「噹！噹！噹！噹！」爸媽上課囉！

王淑俐

於 2008 年 9 月 6 日

目錄 | CONTENTS

Lesson 01

這改變非一夜之間

家庭會議
Day

「你們說要為我建立一個可愛家庭,那可不可以辭退所有工作,只在家裡陪我玩?」

坦誠面對教養子女的挫敗

　　現在我對女兒鈞怡非常溫柔及有耐心，其實，剛開始當媽媽時，我並不是這個樣子。對於鈞豪我很極端，不是管太多、盯太緊，就是對他的需求毫無所覺。如今，我對孩子能尊重但不放任、關心但不干涉、欣賞但不心疼，這是從慘痛的經驗中學來的。這改變非一夜之間，是我與長子鈞豪奮戰十六、七年，才逐漸想通的道理。

孩子調皮、不乖，是誰的問題？

這個改變，我的高徒 C 看到了。她是一個單親媽媽，在她感到困惑與疲憊時，我送她一本我寫的書《我怎麼哭了──父母的情緒管理》（後來更名為《我不再欺侮小孩子──找到父母的情緒出口》，一家親出版社出版），希望她自己從書中找答案。很快的，她就給我回饋：

　親愛的王老師：

　　最近除了《佐賀的超級阿嬤》，沒有一本書是一口氣看完的。但您這本書，卻讓我在咖啡廳坐到下午四點，搭車回家的路上仍不能停止，下車前已看完一大半。看書時，我一直深呼吸，因為我並不知道關於鈞豪這一段。

　　嘗過生命痛苦的我很難想像，在我眼裡一直很有能力給予及付出的您，也走過那樣一段親子關係。我真的很驚訝，老師面對自己的挫敗能那麼坦誠。我不是一個愛哭的人，當年突然成為未婚單親媽媽，我一滴眼淚也沒掉，只藉著忙碌硬撐過去。但是，看您的書我卻很想哭。我覺得，這是所有預備或已經當媽媽（其實是家長）的人必備的一本書。

　　就像您書中寫的場景，我的女兒也曾在百貨公司，躺在地上哭著打滾。我耐著性子安慰很久，她還繼續哭；我忍不住罵她：「都安慰那麼久了，妳到底還要怎樣？」而您竟然

還揮手打了兒子一巴掌，然後怒氣沖沖的丟下兒子就走，不管兒子在後面追不上您，可能會有什麼危險⋯⋯。您說，許多現在想來會後悔的事，當時卻不想後果就做了。

您曾說我是您見過最勇敢、能幹，兼具美貌與智慧的好媽媽，當時，我想您只是安慰我；但是整本書看完，我忽然懂了，我的確是您所描述的那樣。因為，我真的體會過，我的媽媽用錯誤方式對待我的痛苦。這當然不能怪她，畢竟一個人要撐起三個小孩都在就學的壓力，已經很不容易了。

所以，如今我情願做那種孩子明天要月考，為了撫平她跟同學發生衝突的傷心，特別帶她去吃一頓很有氣氛的晚餐，認真聽她談心情，即使月考考壞也沒有關係的媽媽。我明白了，在坎坷中的我是有成長的。

這本書將發生在您身上，也會發生在所有媽媽身上的狀況，一一剖析：平易近人，卻十分珍貴，真該是當媽媽的必讀之書。因為，沒有快樂的媽媽，就沒有快樂的孩子。可是，我還是很心疼您和鈞豪走過的路，打從心底敬佩您面對**挫敗的勇氣**。因著您**勇敢呈現生命真實的面貌**，我知道自己並不孤獨，我不是特別有問題的媽媽；所以，我會繼續努力，看清自己的情緒，更照顧女兒的情緒，讓生活愈來愈好。

我不到 25 歲時，就當了鈞豪的媽媽；鈞怡比哥哥小了 9 歲，比起來就幸運多了。鈞怡出生以來，不曾被我打罵過；可能是她觀察到哥哥成天被打罵的經驗而「賣乖」，更可能是我這個媽媽發現體罰沒用而「學乖」了。所以，在學校體罰還未全面禁止、多半家長還贊同老師適度體罰時，我就曾為女兒向她的小學及國中老師「請命」，「委婉但堅決」的希望老師不要體罰。剛開始，老師以為是我們太寵孩子，於是我寫了封信給老師：

　　敬愛的老師：

　　　　在我們夫妻才二十多歲、還十分年輕時，就生了長子；結果因為忍受不了他的調皮，而經常斥責、體罰他。幸好他本性純良，沒有因為過多打罵，而責怪或怨恨我們。但親子關係的確很緊張，他還為了反抗我們而不肯讀書。為了兒子，我不知哭過多少回、懊悔過多少次。所以希望您能了解，如今我們夫妻不贊成體罰的苦衷。

　　　　至於我說：「即使孩子考零分也沒關係！」並非我們不在意孩子的課業表現，真正的意思是，要了解她考零分的原因及學習的困難，努力幫助她克服學習困難。而且，鈞怡也很在乎自己的表現，相信不會令您失望。

　　結果，鈞怡乖巧、有禮貌，對課業能自我負責；清楚自己的專長及興趣，勇於追求自己的夢想等種種令人欣慰的表現，終於使老師相信，我們不是溺愛孩子的父母。

鈞怡周歲時的全家福

父母要如何調節壞心情？

成人之間猶可能因情緒失控而爭執，何況父母對子女權力關係的不平等，更容易對孩子情緒宣洩。

某天晚上八點鐘，我住的社區突然傳來某家男主人的咆哮聲，持續了好一會兒。本以為是夫妻吵架，仔細一聽，原來……

「每天都只會看電視，還不快點讀書。」

「考試考那麼爛，還不趕快複習。」

「每天都要人家盯著你寫功課、複習，就只想玩、看電
視。」

這樣的情景，在你我家中也許曾發生過。父母辛苦工作了一整天，很晚回到家；在身心疲憊飢腸轆轆下，看到孩子卻在看電視或玩電腦遊戲；不問也知，功課一定還沒寫，一氣之下，又聯想到孩子的月考成績也很差。因疲累而造成的不耐煩，以及對孩子的失望、傷心、憤怒等壞心情，使父母忍不住情緒爆發。

為了孩子課業不佳而煩惱固然難免，可是了解原因並幫助孩子課業進步，才是正途。但父母常操之過急而本末倒置，因

一時情緒衝動而痛罵孩子，無法做出正確的行為。

　　情緒是天生的，可以合理表達，卻不宜宣洩。情緒表達是指，描述自己的感覺或心情，讓兒女了解；同時也讓兒女有表達自己的想法，及向父母解釋的機會。父母若不能自我控制，脾氣一來就大聲咆哮，以權威來鎮壓孩子，而且口不擇言、任意批評孩子，一定會打擊到孩子的自信、破壞親子關係，使孩子更不願意變好。

　　父母的情緒宣洩，只會阻斷親子溝通之路，使孩子不願屈服於父母的權威，而變得更加叛逆。因為孩子擔心你把他罵得這麼慘，若他還乖乖照你的話去做，恐怕父母以後會更加控制及不尊重孩子。所以為了爭取自己的權利，孩子只好「選擇」不聽父母的話囉！而且情緒宣洩是一種「以暴制暴」的錯誤示範，會使孩子也成為壞脾氣的人。

　　為人父母應如何調整壞脾氣、培養好心情？當孩子表現不理想時，成熟的父母不會幼稚、自私的認定，一切都錯在孩子不夠聰明、太調皮。更不能藉口自己不喜歡小孩、不會帶小孩，而有意無意忽略了孩子。孩子會因缺乏關懷及應有的管教，造成日後人格缺陷及犯罪行為。

　　好父母一定願意為了孩子改變自己急躁的脾氣，生氣時可以描述自己的情緒，但不可「任性」、以嚇死人的方式破口大

與孩子相處時要維持好心情

罵。好父母會經常自問：

家是個……的地方？

兒女是我生命中……？

感到挫折時，會找出問題的源頭：

是因為孩子……？

還是因為我自己……？

兒女的課業成績，常是父母感到挫折的來源；此時，父母

應該想清楚：

　　教育子女正確的目標是什麼？

　　孩子的成績要到什麼程度才算滿意？

　　難道孩子是資優生就沒有煩惱了嗎？

　　如果他的成績「敬陪末座」就沒有希望了嗎？

　　在你希望孩子變得多好之前，父母應先自問：

　　我是孩子的楷模嗎？

　　孩子對我口服心服嗎？

　　我給孩子的精神指標是什麼？

　　在兒女心中，我是個怎樣的父母？

　　在老師眼中，我是個怎樣的家長？

希望您不要重蹈覆轍

　　我 24 歲結婚、25 歲生子，因為自己還有重要的「待辦事項」──修碩博士學位，而輕易把孩子排在第二順位。甚至以為孩子可以任意安排，所以把他送到台南交給爺爺奶奶照顧，至於何時接回來也沒多想。以為反正孩子年紀還小，不會有什麼感覺；至於爺爺奶奶教他什麼、如何教也無所謂，以為一切等他長大、讀小學時，都來得及。

　　我不是個好媽媽！剛讀碩士班、懷孕三個月了，還以為是發胖；之後仗著年輕也沒有特別愛護身體，照樣到圖書館借二、三十本厚厚的原文書，背著很重的大書包小跑步；還經常熬夜讀書，覺得自己體力很好。

　　反而是先生比較細心，不要我蹲在地上洗衣服，所以接手洗衣服；固定帶我去產檢，否則我自己一定不記得要檢查；到了預產期，還不斷提醒我注意生產的徵兆（很好笑吧）。要不是他，孩子差點就被我耽誤；因為，羊水破了我還不覺得嚴重，因此孩子提前三週出生。

　　鈞豪滿月就送到台南，若不是兩年半後，因公婆要出國，需將兒子「交還」給我；恐怕要等我讀完博士班，才會想把兒子接回來；屆時，兒子已經讀小學二、三年級了。

先生是軍人，營區在高雄，一週才回家一次；所以婆婆回國後，就搬到台北與我同住，繼續照顧鈞豪。凡事有利必有弊，當我在博士論文及婆媳相處雙重壓力襲捲而來時，不自覺的就拿兒子「出氣」。因為他不懂得反抗，所以最好「欺負」。

如果可以重來，親愛的兒子啊！我絕不會把你送走，我會在你需要我的時候，把碩博士課業擺第二順位，盡心盡力的陪伴你。我不會那麼容易生氣，而隨便罵你、打你、不理睬你。可惜，當年沒人及時提醒我；就算有，可能我也不太「虛心受教」吧！

兒子成長的過程中，我一直沒有正視他的感受；忘記孩子也有重要的「待辦事項」──需要父母陪伴與一同遊戲。我只要他照我的安排去做，否則就生氣，卻不顧慮他的需求，所以母子間一直處於緊張狀態。

兒子9歲多，我生了長女鈞怡；我的「待辦事項」繼學業、工作、婆媳相處之後，又多了照顧女兒。由於丈夫的軍職身分，使他無法分擔太多照顧兒女及家庭的責任；所以我常感焦頭爛額，兒子只好繼續扮演「出氣筒」的角色。

鈞豪當然心生不滿，他不斷抗議我偏心；經常對妹妹大吼大叫，說是代替我及爸爸管教她，來表達他不知如何宣洩的怨氣。我因為心疼女兒，就更加責怪他惡劣的態度。我只看到他

「欺負」妹妹的兇狠模樣，卻忘了國中階段的兒子，也一樣需要母愛啊！

　　當母子關係衝突到最高點時，我要他去南部跟爺爺奶奶同住（公婆在兒子讀國中時，回台南老家了），表示我不想再看到他。甚至說他是惡魔轉世，專門投胎來折磨我的。多麼自私、幼稚而殘忍的母親啊！當我指責他「比妹妹大了快 10 歲，還不會照顧妹妹」時，豈知比他大 25 歲的我，又好到哪裡？我常跟他吵架，一生氣就不理他；他卻始終愛我，對我愈來愈體貼，幫我分攤了許多家事。

孩子既叛逆又脆弱

孩子需要父母什麼樣的愛？

我愛唱歌，尤其愛唱兒女所唱的歌。女兒鈞怡喜歡「五月天」樂團，當中一首「為愛而生」，歌中的每個字都讓我感動。如今，我就是以這樣的心情，來愛我的兒女。

只因我為愛而生，只因為我為愛而生；

我來到這個世界、這個人生，為你而生存。

另外一首歌「天使」，也說明了父母就是孩子的守護「天使」，對兒女有重大的意義。

你就是我的天使，保護著我的天使，

從此我再沒有憂傷。

你就是我的天使，給我快樂的天使，

甚至我學會了飛翔。

真正的好父母，應多付出「時間」，這才是孩子最需要的。不要在孩子考試成績不好或做事失敗時，指責他們不懂事、不用心，卻未檢討自己「參與」及「付出」了多少。所謂陪伴，不是把他們「押」在眼前，逼他們做數學題目或背英文單字；這只會使孩子「陽奉陰違」或「被動依賴」，親子雙方

都會覺得很累。

　　孩子需要溫暖的家，希望與父母一起吃早餐、晚餐；喜歡父母準備的愛心便當；要父母認真傾聽，主動關心他的學校生活、人際關係、學習困難等，參與他的生活世界；期盼父母真正了解他的困擾，給予具體的鼓勵與幫助。

　　孩子進小學之前，大部分時間都與父母相處，父母的「不言之教」，時時刻刻、有意無意的影響孩子。孩子年齡愈小，可塑性愈大；幼年的影響會帶著一輩子，包括負面的部分。所以，父母的生活作息及飲食習慣，例如：喜不喜歡閱讀？是否太愛看電視？輕聲細語還是大吼大叫？快不快樂？不管好的壞的，父母的表現在在都被孩子充分吸收。

　　即使上學之後，孩子大部分的學習仍應由父母負責。包括身心健康、生活能力與習慣、品格與價值觀，以及學校的課業。許多父母覺得奇怪，課業不是老師的責任嗎？但這只是期待，而不是必然。如果老師能注意到每個孩子的學習狀況，依照個別差異而因材施教，這當然完美。但就我國目前的教育狀況而言，當孩子在某些科目上一直學不會、學不好時，只是寄望學校，可能來不及解決問題。建議還是由父母參與孩子的學習，與孩子一起用功（甚至比孩子還要用功），較為切實有效。何況，孩子的生活與人格教育，「真的」不該依賴學校，

大部分是家庭教育的責任。

　　父母愈能參與孩子的生活世界，對孩子愈有「同理心」，也就能正確了解孩子心情起伏的源由，在第一時間協助孩子解決問題。根據研究，父母愈多時間陪伴、了解孩子，孩子愈懂事、少犯錯。對孩子真正的關心，是細膩且持續不斷的；因為孩子大大小小的快樂，都需要父母分享，得到父母毫不吝惜的鼓勵與獎賞。

　　在本章結束時，再來一首梁靜茹的歌──「暖暖」吧！

　　細膩的喜歡，毛毯般的厚重感，

　　曬過太陽，熟悉的安全感，

　　分享熱湯，我們兩支湯匙是一個碗，

　　左心房，暖暖的好飽滿。

覺得暖暖的孩子，永遠不怕冷

Lesson 02

「家庭教育」就是問題的根源

in 玄關
「兒子！你回來啦！快
投入帥氣的爸爸懷中，
傾吐你在學校所有的開
心與煩惱吧！」

Baby come on!!

兒子心裡 OS：
「老爸……雖然很感謝，但也
太肉麻了啦……」

好父母五大須知

近十年來，由於社會變遷及大幅教育改革，我國教育生態受到很大影響，產生不少「環環相扣」的教育與社會問題。例如：

環節一：普設大學後，大學生數量過多，導致畢業即失業。即使找到工作，薪水亦逐年下降，「新貧族」日漸增多。

環節二：因為「新貧族」激增，年輕人連自己都養不活了，哪敢結婚生子？

環節三：因為年輕人不敢結婚生子，造成「少子化」現象，致使幼稚園及小學萎縮。

環節四：因為「少子化」，「小寶貝」們愈來愈受父母「呵護」或「溺愛」，造成不少管教問題。

環節五：因為受寵的「小寶貝」很難管教，致使各級學校老師覺得教學愈來愈力不從心。

環節六：因為老師力不從心，家長又不能多盡心力，導致學習效果或品質不佳，我國人力素質與競爭力逐年下滑。

賈恩師馥茗先生在世時，每當我想不通這些複雜問題，就跑去請她解惑，恩師說：

因為問題太多了，一個一個解決一定來不及。所以，不如找出問題根源，從頭開始努力。「家庭教育」就是問題的根源。因為，家長若推卸自己的教育責任，只期待好老師出現，就錯過了孩子成長的黃金時期。「時過而後學，則勤苦而難成」，等孩子出現問題再補救，不僅事倍功半，還可能徒勞無功。

最有智慧及愛心的馥茗恩師

以下是馥茗恩師提出的「好父母五大須知」。

💿 一、不要過度關心

子女不可能是父母的翻版，所以，對兒女的未來存有期望時，要仔細觀察孩子的性格、能力及興趣，以此為根據。不能強迫子女放棄自己、不做自己，而成為父母希望的樣子。

父母過度關心，常顯現在強迫子女補習（升學或才藝）這件事上。不僅不顧慮子女的意願、志趣，也疏忽了補習對孩子生活作息（睡眠、飲食），以及休閒活動、人際關係等，所造成的不良影響。

對於父母而言，子女宛如心中的一條鎖鍊。然而，還是要及早解開這條鎖鍊；放開手，更要放下心，讓孩子自由。尤其青少年時期以後，千萬不要事事代勞，或大事小事叮嚀個沒完沒了。

過度關心的相反是「太早放棄」，不要因為兒女的表現不如自己，不能實現自己的期望，或不如別人家的子女，就顯現出失望與放棄的意思。另一種「放棄」是指疏忽親職，父母對子女的責任是「和孩子一齊長大」，隨著孩子的成長而改變教育方法，才能「適當的」幫助孩子生長。

🍪 二、不要溺愛、放縱

父母總是溺愛自己的小孩，不知道子女不好的地方，因而縱容了孩子。我國的經典《大學》一書即說：

> 故諺有之曰：「人莫知其子之惡，莫知其苗之碩。」此謂身不修，不可以齊其家。（傳文之八章　釋修身齊家）

有些家長「害怕」自己的孩子生氣、鬧脾氣、抗議，而不敢或無法管教孩子。若對自己的子女都不能教，卻想要教好別人，那是不可能的事。《大學》一書即說：

> 所謂「治國必先齊其家」者，其家不可教，而能教人者，無之。（傳文之九章　釋齊家治國）

「放縱」的開始是因為孩子幼年時看來非常可愛，以致於任其作為。即使偶爾管教，也是「言不由衷」，子女聽起來彷彿「同意」其惡行。於是，子女愈加「獨行其事」，許多事情只是做做樣子應付父母，包括說謊，反正父母也不會深究。

父母對子女若不能「適度而必須的約束」，使其學到「可」與「不可」、「應該」與「不應該」的界限；就會養成「自以為是」、「任性作為」、「目中無人」的狂妄性格。最可怕的是

缺乏堅強的意志力，無法對抗玩樂等誘惑。

🍪 三、不要強迫命令

隨著子女成長，父母更要尊重子女，例如：

1. 把「代為主張」改為提供意見：有關孩子的切身問題，
   如讀書、工作、婚姻（異性交往）等，應先徵求孩子的
   意見。只有在他向父母提問時，才提供建議。父母的看
   法只是參考，因為這是他自己的問題，別人無法越俎代
   庖。

2. 以關懷的眼神、關心的態度，代替撫摸、擁抱：當孩子
   脫離兒童期後，愛的表現也應有所不同。不要再用小孩
   子的方式哄他、看待他，而應真正重視他、尊重他。

3. 以耐心及商量，代替疏忽及命令：要耐心的傾聽孩子陳
   述；表達父母意見時，要像對待朋友一般，語氣委婉，
   用商量的口吻。不能再因自己的忙碌而敷衍孩子、疏忽
   他的想法，使他想說的話又嚥了回去。

4. 孩子犯錯時，要鼓勵孩子思考其原因：了解原因之後，
   還要將該怎麼做的決定權交給孩子。

🍪四、不要輕忽身教

　　許多壞習慣是從家庭形成的，所以父母不可輕忽自己日常生活的言談舉止，以及教導子女的方式，否則就會形成「反教育」。最常見的是，在遊樂場所父母（尤其是母親）常常高聲呼叫，小孩卻充耳不聞。這種狀況除了看出父母的教育問題之外，影響最深的還是孩子。因為，父母平時的教導，要針對狀況而發；無論如何，「大呼小叫」並不妥當。

　　父母的身教最基本的表現在生活作息的安排上，父母常頭痛於孩子貪玩，以致拖延到上床時間才趕快寫功課；結果不僅功課草草了事，第二天又因睡眠不足而爬不起來。其實，這都是父母姑息子女、未堅持作息時間所致。應培養孩子聽鬧鐘的警覺，培養孩子自己起床的責任感；堅持「正規的作息時間」，且要孩子自動實行。對於孩子的家庭作業，父母最好只提醒他及時完成，如有必要才進行監督。

　　其他期望兒女做到的事，如喜歡閱讀、有禮貌、惜物惜福、整理環境等，父母均須以身作則。也就是要子女做到什麼，自己一定要先做到或說到做到。否則，父母沒有教導孩子應有的規範，以致孩子任意妄為。等父母失去耐性時又大聲斥責，使孩子由歡樂變為失望。

🍪 五、不要造成對立

　　國中以後是性格與行為發展的轉捩點，青少年難免在某些方面會反抗父母或冷漠以對，這些都是正常現象。若是小事，父母可以淡然處之，這份容忍是為了給孩子留下反省的空間；也許他事後不會認錯或道歉，但仍會約束自己。父母可以注意觀察，只要孩子抗拒的態度逐漸減少，抗拒的方式逐漸緩和，就是有了改變。

　　以父母強迫子女補習的例子來說，許多父母膠著於「萬般皆下品，惟有讀書高」的傳統觀念，強迫孩子沒日沒夜的讀書；使他們睡眠不足、飲食無度，沒有休閒娛樂而毫不顧惜。而且還會偏愛子女當中，讀書成績較好的，以致親子間的對立日盛。

鈞怡每晚要睡足八小時

好父母的正確心態

兒女一定要有傑出的表現，父母才會高興嗎？如何使親子在一起的時時刻刻，都能開開心心。例如：從盛噶仁波切所唱的「開始懂」這首歌當中，父母可以領悟及實踐下列的道理：

正確心態一：「難得」

開始懂了難得，所以更珍惜；

生命很奇妙，你我能相遇。

今生今世，親子能相遇、共結血緣親，是件妙不可言、十分難得的事，所以要珍惜。親子關係比任何人際關係都來得親近，在一起的時間最長久，生命共同體的感受也最強。

孩子帶給我們負擔及責任，但看到他們成長也是份莫大的成就感；看到孩子的笑容，同時會感到無比的甜蜜。

正確心態二：「給予」

開始懂了給予，所以在這裡，我會一直陪你。

父母給予兒女的，不僅是外在的衣食溫飽，更在於情感及精神面，讓孩子覺得自己幸福、有價值。尤其在孩子有困難

時，父母源源不絕的付出、不離不棄，讓孩子產生安全感及解決問題的勇氣。

陪孩子一起克服數學困難

不管給予孩子什麼，父母自己原有的不但不會減少，反而會因給予能力的增加，而給予的更多。父母愛子女的證明，就在這給予的質與量上。兒女最需要父母的陪伴，所以父母要給予兒女「時間」。有了時間，才會有耐心，否則就只是敷衍、漫不經心。有了時間才能一起用餐、一起談心、一起看書，或者一起做數學、讀英文……。

正確心態三：「共鳴」

開始懂了共鳴，只有一顆心；

生命在重複，是一種神奇。

父母以孩子的喜怒哀樂為依歸，全心融入孩子的心情當中；不論如何，都願與孩子同甘共苦。即使父母原有的擔子已很重，也會毫不遲疑的協助兒女減壓。尤其在孩子面臨挑戰、壓力、挫敗、悲傷時，最需要父母的了解與支持，而非火上加油或潑冷水。

父母習慣拿孩子與自己相比較，殊不知因為成長背景的差異，常常牛頭不對馬嘴。現今孩子面臨的處境，與昔日大不相同。若父母不能「同情」孩子，出了問題就「瞠目結舌」，彷彿不認識自己的孩子。由此可見父母與孩子的心，是多麼疏離了。報上常見一些明星高中、大學的孩子，自殺身亡或犯下性侵害事件，已不是當初父母引以為傲的樣子。這一路上，這類「優秀的」孩子只能「報喜不報憂」，必須隱瞞真實的自己，多麼的辛苦啊！

正確心態四：「歡喜」

開始懂了歡喜，所以會開心，從此沒了妒忌。

父母應能體會與兒女在一起的每一分鐘，都是最幸福的。不再奢求或苛責，才能看出兒女最可愛的一面。如此，不僅能建立孩子的自信心，也能增進親子關係。

若是「有條件的」愛，非要子女達到標準父母才會歡喜。那麼，孩子年紀還小時，會為了取悅父母而勉強去做；長大後則會反過來為了保護自己，而情願「背叛」父母。我國教育太推崇明星高中、明星大學，致使絕大多數的孩子都無法討父母歡喜，這不是件既可悲更可笑的事嗎？

　　親愛的父母啊！您還記得，孩子曾經是那麼的聰明伶俐嗎？如何永遠保留住這美好的印象？

永遠留住孩子聰明可愛的模樣

父母衝突對孩子的影響

養兒育女的「好環境」，要靠夫妻兩人共同經營。夫妻感情好，才能在子女成長的各個階段，分工合作、合作愉快。反之，夫妻失和，不僅不能相互配合、彼此分擔；更因夫妻間的問題已「自顧不暇」，所以沒有多餘精力關心兒女。未成年的子女，有時還會因為擔心家庭破碎對他們造成負面影響，而想協助大人解決問題呢！

父母有責任創造健康的家庭，使子女擁有正常的生活作息、溫馨的家庭氣氛而安心成長。**父母應彼此尊重、相互扶持，並且經常討論商量。**這也是在兩性相處、人際關係及情緒管理上，對兒女的最佳示範。

放棄或破壞婚姻其實很容易，要堅持「白頭偕老」及修補夫妻關係，就困難得多。為人父母不能太任性，要以維護長期關係（百年好合）為最終目標。夫妻間有問題時，要委婉的說清楚，但不要說氣話，不能惡言相向；不宜在兒女面前爭執或批評對方，甚至要兒女做公評。

爭執的另一極端是冷戰或「一冷一熱」，夫妻間若逃避溝通，結果會漸行漸遠。夫妻衝突，原因不外下列幾項：

1. 認知、行動、人生目標、觀念等的差異。

2. 言詞或態度的傷害。

3. 婆媳關係、角色期望、子女教養、外遇恐懼等導火線。

上述事項，實屬婚姻生活的「常態」，不宜大驚小怪、捕風捉影；也不應過於遲鈍、姑息縱容。如果「放任」不管，也就是「逃避」、「拖延」，或一味「妥協」、「退讓」（壓抑、順從），後果將是：

1. 被對方看輕、欺負（得寸進尺），愈來愈得不到尊重與
   配合。

2. 委屈、疲憊、鬱悶、無助、自卑等情緒，因累積而致
   一發不可收拾。

3. 問題若不解決，通常不會自行消失，只會積弊日深。

4. 一旦某方有報復心理，會更不願與配偶合作，使家庭
   解組更快。

衝突是可以化解的，但不能在氣頭上處理。事緩則圓，首先要冷靜下來，找出問題癥結；然後展現誠意，有自信的進行溝通。也可請教有經驗、有智慧的人，必要時請其出面代為調解。夫妻間有衝突時，不論多麼微小，都要提早處理、柔性處

理，並且注意溝通的態度及措辭。

衝突是可以預防的，平常夫妻就要培養共同的嗜好，拉近彼此的距離，為對方製造驚喜。並能自我收斂，欣賞及支持對方。尤其要**尊重**配偶的想法，接納他的一切，包括個性及他的家庭背景與家人。

戀愛的兩性相處，與婚後大不相同：前者可以說散就散，後者卻是長期的：前者可能風花雪月，後者則要承擔家庭責任。夫妻相處其實是超越「本能反應」的修為，如孔子所說：「君子之道，造端乎夫婦」（中庸第十二章）。要成為有品德的君子，得從成為好夫妻開始。日常生活中，應努力做好下列事項：彼此尊重、相互配合與扶持、經常商量、充分溝通及情緒管理等。

我在世新大學開了一門有趣的課程──「情愛溝通」，我總強調婚姻的美好及孩子的可愛，但擁有這些幸福的前提是：善於「談情說愛」。情愛的維繫，只靠熱情是不夠的，更需要溝通的功力。要成為稱職的現代夫妻及父母，「溝通」這部分絕對需要達到「高標」。

學生常來我家觀摩幸福家庭

兒女的健全成長，需要父母分工合作

從前「男主外，女主內」，丈夫可以要求妻子負起「相夫教子」的全部責任。而今雙薪家庭，若要夫妻中任一方負擔大部分家事及教養子女，不僅不公平，更會影響教養的品質與心情。所以，為了兒女著想，從懷孕開始，夫妻就要「共創」兒女優質的成長環境。

一、新生兒時

夫妻共同分擔照顧之責，才能給予兒女從容及周全的呵護，使產婦的身體及情緒得到充分的調養。否則，若一方（通常是母親）負擔過重，會因身心疲倦而無法有高品質的親子互動；甚至將自己的不滿，遷怒於年幼無辜的兒女身上。新生兒的狀況本來就比較多，雙親共同照顧，不管在體力與精神上，一定比單一照顧者理想得多。這段啓蒙教育，由父母共同提供與帶領；孩子在智能與生活能力上，都會較為豐富及穩固。

二、幼兒園階段

夫妻共同或輪流接送孩子，並且一起參與幼兒園各項活動，能使孩子更有安全感，覺得自己受到重視、有價值。從小

讓他獲得健全的依附關係，可以快樂的上學，不怕與父母分離（不擔心被父母拋棄）。將來較易建立穩固的自信心及信任感。讀幼兒園後，家庭教育的功能應不減反增。

三、國小階段

　　低年級時，夫妻共同協助孩子適應小學生活，幫助他奠定求學的基礎。到了中年級，夫妻共同指導孩子不同科目的學習，包括孩子的休閒、運動、人際關係、閱讀等，使孩子的成長更加均衡。高年級時，夫妻共同協助孩子克服學習困難，分享兒女成長的各種身心變化；分擔解決孩子青春期來臨時，可能產生身心不平衡的各種問題。

四、中學階段

　　夫妻更要共同支持兒女，幫助他度過成長的風暴期，陪伴他面對人生的挑戰與抉擇（例如：升學考試、自我認識、兩性關係等）。隨時給兒女正確示範，教導他完成各項人生功課，使孩子漸趨成熟，形成正向、積極的自我形象。此時，兒女的人生任務增多、加重，父母也要跟著「同甘苦，更患難」。

🍪五、大學以後

由於國人家庭觀念濃厚，即使孩子成年了，家庭永遠是溫暖的港灣，隨時可以回家休養生息。兒女成家之後，父母繼續扮演爺爺、奶奶、外公、外婆的角色。在中華文化背景下成長的我們，「家庭」永遠占前三名重要的地位。

其實，一起照顧子女，對父母本身也好處多多；尤其是做爸爸的，在昔日「嚴父慈母」觀念下，父親常得板起面孔，使孩子不敢接近。如今因為爸爸自小即參與孩子的世界，親子感情自然很好。父親與兒女的親密程度，與人生的幸福感成正比喔！

女兒鈞怡因為爸爸照顧她特別多，所以父女的感情特別好。女兒常像貓咪一樣，依偎在爸爸懷裡，或學貓以爪子撓爸爸的背，父女倆都好快樂。至今女兒已讀高中了，爸爸仍是她一起看漫畫的最佳戰友。

父女感情好得令人心動

Lesson 03

用眞愛培養與衆不同的孩子

「真奇怪，自從老爸鼓勵我自由找尋興趣後，就變成跟蹤狂了！」
「難不成他擔心我們用火箭把學校給炸了嗎？」

我這樣愛你到底對不對？

唱紅「夢醒時分」的歌星陳淑樺，還唱過一首歌──「這樣愛你對不對？」

我這樣愛你到底對不對？這問題問得我自己好累。

我寧願流淚，也不願意後悔，可是我害怕最後還是要心碎。

演過「大愛劇場」的歌星演員方季惟，也唱過一首類似的歌曲──「想你想到夢裡頭」。

像我這樣用情的人，一定淚流得比笑還多。

這一生中像欠你什麼，總被你牽著走。

這兩首歌用來形容親子關係時，父母也會懷疑，「我這樣愛子女到底對不對？」而且擔心，不管怎麼做，是否到頭來還是要心碎？前世欠了子女什麼？今生要這樣被子女牽著鼻子走。而且，不管怎麼遷就孩子，最後還是抓不住孩子的心。這樣的親子悲劇，何時才能劇終？如何才能轉悲成喜？

你與孩子之間到底有多「親密」？「親密」是指身心靈接近與契合的程度，你能做到「親子333」嗎？這是指：一天至

少擁抱 3 次（皮膚接觸），親子間眼神凝視至少 30 秒，有意義的談話至少 30 分鐘。

　　反之，若覺得與孩子不夠親近，是什麼原因？是否沒有耐心聽孩子說話？看到孩子表現不好就容易生氣？或因工作太忙而沒有從容的時間與心情和孩子相處？或是對孩子的管教感到「有氣無力」？

與孩子心手相連

　　沒有父母不愛孩子的，但，下列問題可以提醒我們，對孩子是否「真愛」？

一、在教養觀念上

1. 不管父母的學歷及收入如何，即使不能提供兒女足夠的物質享受，仍有信心做個好父母嗎？

2. 不管孩子的學業成績如何，即使他不太聽話，仍能接納孩子、對孩子感到滿意嗎？

3. 能不與別人的兒女比較，不以兒女的好做為炫耀，也不因兒女較差而自卑嗎？總之，能做到不需要兒女來「補償」父母的不足（學歷、收入、地位）嗎？

二、在時間的付出上

1. 能每天「固定」出現在兒女面前嗎？例如：吃早餐、接送上學、吃晚餐、做功課、散步、床邊故事……等。

2. 對於兒女的學校活動（親師座談、擔任班親會幹部、班級校外團體活動、家庭作業的檢查或協助……等），都會擺在第一順位、儘可能參與嗎？

3. 常和兒女聊天、談心，親子間幾乎無話不談嗎？

4. 與孩子一起克服在數學、英文、作文，甚至體育、音樂等的學習困境嗎？

5. 知道孩子的夢想，並能陪伴他一起逐夢嗎？

三、在互信的程度上

1. 兒女喜歡跟我談話，並且搶著跟我說話嗎？

2. 能放下手邊的事，專心聽兒女說話，並隨著兒女說話內容而情緒起伏嗎？

3. 對於兒女能做到「少說多聽」嗎？當孩子漸漸長大，能儘量不用命令的語氣，只是提供意見讓兒女參考嗎？

四、在溝通的效果上

1. 與兒女溝通時氣氛良好、雙方的滿意度都很高嗎？與兒女在一起，是件非常享受及親密的事嗎？

2. 與兒女之間若意見不合，能講理及控制情緒，使孩子口服心服嗎？

五、在溝通的技巧上

（一）口語

1. 能以正向言語（可以、好、能、討論），代替負向言語（不准、不能、沒辦法、我命令你）嗎？

2. 能以肯定的話代替質疑嗎？

3. 能以鼓勵的話代替挑剔嗎？

4. 能以建議代替批評嗎？

5. 能使用更精緻、具體、豐富的讚賞嗎？能把孩子一點點的好處，大大的「升級」，並在外人面前大方的讚美嗎？

（二）**體語**

1. 能不敷衍孩子，以認真及誠懇的表情，看重孩子的感受及困擾嗎？

2. 能「閉上嘴巴」，耐心的等待孩子開口嗎？

3. 能提醒自己保持冷靜、有耐心、不亂發脾氣嗎？

4. 能時時微笑，管好自己的情緒，不把自己的問題遷怒於孩子身上嗎？

父母的成績單

你知道多少名人的家庭教育方法？

讀過多少相關的書籍？

你同意親職教育是一門專業嗎？

你覺得自己可以通過「親職專業檢定」嗎？

你真的關心及了解自己的孩子嗎？

下列題目，每題完全答對得 5 分，其餘依照答對程度，分別給予 0 ～ 4 分。給自己打個分數吧！

一、班級狀況（30%）

1. 孩子是幾年幾班幾號？

2. 孩子目前的座位為何？

3. 孩子前後左右坐了誰？他們的狀況如何？

4. 孩子最要好的三個同學是誰？

5. 孩子在班上欣賞的同學是誰（含異性）？

6. 孩子的人際困擾為何（與導師、各科老師、同學的關係）？

二、學習狀況（30%）

1. 孩子學科上的強項及弱項為何？

2. 孩子在「校」的學習態度及行為如何？

3. 孩子在「家」的學習態度及行為如何？

4. 孩子目前各科的教材及內容為何？

5. 孩子各科老師的狀況為何？

6. 孩子的學習困難為何？

三、生涯規劃（20%）

1. 孩子的志願、夢想及偶像為何？

2. 孩子的未來規劃與本身條件或人格特質吻合的程度如何？

3. 孩子目前的努力方向及達成程度為何？

4. 達到目標的助力及資源為何？父母提供或找到了哪些資源？

四、親子關係（20%）

1. 孩子與爸爸的關係如何？

2. 孩子與媽媽的關係如何？

3. 目前有何不利於父子（女）關係的狀況？

4. 目前有何不利於母子（女）關係的狀況？

五、加分題

　　爸爸（媽媽）為孩子的付出有多少（時間及內涵）？例如：共用早晚餐、給孩子帶便當、傾聽孩子說話、為孩子讀床邊故事、陪孩子做他喜歡的事……等；請填寫，**每做到一項加2分，最多可加到 20 分**。

1.　　　　　　　　　　6.

2.　　　　　　　　　　7.

3.　　　　　　　　　　8.

4.　　　　　　　　　　9.

5.　　　　　　　　　　10.

本問卷總分：（　　　　　）

填答後心得：

　　這份問卷是我設計的，所以我的分數還滿高的喔！尤其在加分題部分，我更要「野人獻曝」一番。我的加分項目如下：

1. 每天陪女兒走路上學 40 分鐘

這部分從女兒小學四年級開始，至小學六年級共三年。因為學校希望小朋友不要在教室吃早餐，所以我每天都會起床給孩子準備早餐。後來想，既然已早起，何不索性將運動與親子時間結合，陪她一起走路上學。剛開始，我還擔心女兒走不動，要走 40 分鐘（以前都是開車接送）呢！但想到她有一點點胖，這是個不錯的減肥方式；就這樣，我們母女開始了每天早上 40 分鐘的健走及談心時間。

每天有時間與孩子談心

2. 在家做晚餐，並準備上學便當

這部分我從女兒小學六年級下學期才真正落實。雖然廚藝有待加強，但誠意十足。女兒讀高中後，我更有長進了，每天多加一道菜，增加變化度外，還勇敢的要女兒點菜，試著提升自己做菜的段數。

誠意比廚藝重要

3. 早起為女兒準備早餐

早起、為女兒準備早餐、看著她吃完早餐，這三件事都要做到才算完備。否則大人很容易以自己太累、睡不飽為由，輕

易就讓孩子自理早餐。孩子讀國、高中之後，起床時間更早，父母要克服「人性的弱點」──貪睡、賴床，才能特地為了兒女的早餐而提早起床（不管再累，也要努力做到）。

4. 陪女兒的全班同學一起做數學

女兒國中時，我不僅天天陪女兒做數學；之後，還很「熱心」的到女兒班上，每週一小時，陪全班同學一起做數學。跟我的廚藝一樣，也許他們的數學成績沒有明顯改善，但我的誠意十足。感謝孩子們、導師及家長，都能接受我這個鈞怡媽媽的熱情與祝福。

5. 為了女兒犧牲自己最愛看的電視節目

例如：女兒知道我很愛看韓劇「加油！金順」，但是只要女兒需要我，我就會立刻關掉愛看的電視節目。因為，我的女兒更好看啊！為了表現「誠意」，我乾脆關上電視，等待女兒「召喚」。

6. 絕不「碎碎念」的強迫女兒讀書

不管她的作業或段考、基測等，即使我希望她早點完成功課，或多花時間在考試上，也絕不開口「叮嚀」、「催促」甚

至「碎碎念」。我情願她考不好，也不願使她失去主動性或因此厭煩學習。我相信她關心自己的事情、會想辦法克服困難，我只在旁邊伸出援手，絕不在前面帶著她甚至拖著她走。

7.為了女兒而好好讀英文

本以為女兒讀高中後，在課業上我可以完全放手；結果發現，恐怕還得再陪伴她三年。除了數學外，現在我開始讀英文了。許多人以為我的數學、英文不錯，所以才能教孩子，不！不！不！是因為孩子的數學、英文較弱，為了協助她克服困難，所以我率先學習。

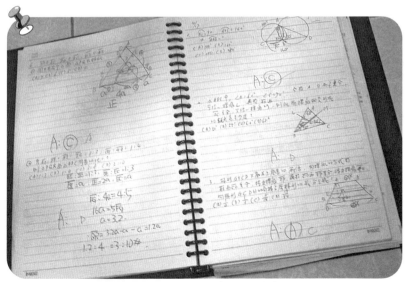

父母要與孩子一起用功讀書

孩子希望父母如何對待他？

「酷酷」的王菲唱過一首歌──「執迷不悔」（作詞者亦為王菲）：

> 我還能用誰的心去體會，真真切切地感受周圍。
>
> 就算疲倦，就算是累，也只能執迷而不悔。

現代孩子一樣「酷」，常任性妄為；即使不對仍堅持到底，弄得遍體鱗傷也不後悔。孩子畢竟是獨立的個體，父母不應強迫他按照大人的意思去做。然而，父母仍不易做到以「孩子的心境」看待周遭世界；因此，親子間常難以溝通。

遇到這種問題，父母得以成熟的姿態現身，對孩子多所包容及開導。父母須了解現代孩子的特質，才不會「踢到鐵板」。現代的酷哥、酷妹，希望父母以下列方式對待他，反之就難以接受。

一、不要擺架子

擺架子是指「抬高姿態」或「空架子」。若父母愛擺架子，子女會因親子地位不平等而無法暢所欲言。若父母總是虛張聲勢，子女會因看穿父母的敷衍、空泛而無法信服。例如：

父母叫孩子要用功，自己卻消極懶散；孩子表面上唯唯諾諾，心裡卻嘀嘀咕咕，懷疑父母表裡不一。

☙ 二、不要以為大人什麼都懂

　　父母固然經驗豐富，但不可能什麼事都知道。不懂的事若裝懂，碰到行家就會穿幫。孩子固然不是行家，若恰好聽到別人說的跟父母不一樣，不免產生認知衝突，萬一證實父母是錯的，就會降低對父母的尊敬與信任。所以，父母不應一味以大人權威「鎮壓」孩子，不應以一知半解的論調當作真理，否則會失去子女對你的認同。

☙ 三、希望父母能多聽我講話

　　從前國人的觀念是：「小孩子有耳無嘴」，只能乖乖聽話，不可以插嘴、頂撞；但這是單向傳達，根本不算溝通。而今，親子間不僅要「有來有往」，父母還要「多聽少說」。其實，多聽孩子說話的好處多多，父母才能清楚孩子的內心世界，有機會在事前引導、預防或事後對症下藥。反之，若兒女隱藏了真實面，問題一旦爆開，不僅父母覺得不知所措，往往也嚴重到難以收拾的地步。

🍪 四、父母要多了解孩子的喜好

任何人碰到自己喜歡的事情，多半會廢寢忘食、滔滔不絕，孩子亦然。父母若能從孩子的喜好著手，親子溝通不僅容易切入，而且較能持久。例如：孩子喜歡的偶像人物，包含真實世界的演藝人員或運動明星，以及漫畫或電腦遊戲中的虛擬英雄。父母若能給予支持、尊重甚至參與，親子間就有共同的話題，關係會更加親密。就算孩子的某些喜好不恰當，也不要採取「反對到底」的姿態，以免刺激孩子的「戰鬥力」，反而更全心投入父母所討厭的事物當中。

女兒與她最喜歡的漫畫人物——
柯南

🍪 五、不要左一句讀書右一句讀書，這樣會讓孩子排斥你

不是每個孩子都適合靜靜地坐在書桌前「鑽研」學問，也許較喜歡實際操作或在戶外蹦蹦跳跳。 2008 年奧運舉重比賽獲得銅牌的陳葦綾，就表示她不喜歡讀書，卻能在練習舉重這方面吃苦耐勞，最後得到母親的支持。獲得跆拳道銅牌的宋玉麒，教練就是自己的父親，所以更了解且能陪伴兒子，走上自己成功的道路。

每當聯考放榜，儘管媒體多半報導考滿分、上明星學校的孩子，但無論自己的孩子考得如何，都要給他掌聲，不要讓他覺得沮喪、寂寞。要幫助孩子依自己的興趣及能力，選擇最適合的學校。培養能力、活得踏實，才是真正的成功。

🍪 六、父母不要只做自己的事，放縱孩子不管

父母不能只滿足孩子的物質需求，否則，跟養貓、養狗有何不同？貓狗猶需陪伴，否則會得憂鬱症，何況是人？孩子年紀小時，若父母因忙碌而疏忽了他，則會為了情感寄託而「誤入歧途」，為了打發時間或尋找認同，而從事不好的活動、出入不良場所、接觸到不好的事物、交到不良的朋友。

🍪 七、如果一定要講道理，希望用講故事的方式

劉墉和李家同的作品，就是說故事的最好示範。他們的故事好聽，文筆誠懇生動，最能打動孩子的心。孩子天生愛聽故事，「故事」是人格或道德教育的最佳啓蒙。曾任美國教育部長的班奈特（W. J. Bennett, 1998），將歷史上各國有關道德教育的故事，編輯成《美德書》一書（*The Book of Virtues*，中譯本由圓神出版社出版）。出版後，進入美國暢銷書排行榜，連續八十多週。

🍪 八、要有耐心，不要亂發脾氣，尤其孩子功課不好時

「愛的真諦」一歌唱著：

愛是恆久忍耐，……不求自己的益處，不輕易發怒，
……凡事忍耐、凡事要忍耐，愛是永不止息。

父母容易將自己的不愉快遷怒於孩子身上，以怪罪孩子來逃避自己的內疚。所以，好父母的天下第一關就是「情緒關」，不要任意對孩子發脾氣甚至叫罵，尤其當孩子功課不理想，此時他的心情已不好，可能在學校被罵過而覺得自卑，或打算用功又缺乏自信。此時他們最需要父母的諒解及幫助，而

不是再罵一遍。其實，罵多了反而會產生「隨便啦！你愛罵就罵吧！反正被罵又不會死！隨便啦！」的不在乎心理。

九、不要在孩子做錯事時，把他講得豬狗不如

孩子犯錯時，父母要設身處地為他設想，並想想自己小時候，是否犯過類似的錯誤？人難免犯錯，重要的是找出犯錯的原因及避免「貳過」。一次犯錯就給孩子貼上標籤，日後有類似事情又將他視為頭號嫌疑犯，孩子將永難翻身，也影響他的自我形象，使他想要改過時覺得欲振乏力、力不從心。

十、不要給予過度的壓力，要傾聽孩子的夢想

孩子大都勇於夢想，所以父母要找出多種方法及道路，幫孩子實現夢想。達成夢想的同時，也要讓孩子預先知道事情的各種可能性；不要因為執著於單一夢想，而忽略其他更美好的事物。這樣，孩子才不會在夢想破滅時，太過於失望或很難恢復自信而不敢再逐夢。要鼓勵孩子多些夢想，其實，在追求夢想的過程中，即已開始「收穫」，不一定非要「夢想成真」。

女兒的夢想是實現「五月天精神」

了解孩子的內心世界

父母都希望與孩子「無話不談」，但真實的情況卻常「無話可說」。父母一開口，孩子就躲開，甚至與父母爭吵。原因之一是父母的溝通技巧不佳，如：

不能專心聽孩子說話，常聽沒兩句就離開或打發孩子離開。

常打斷孩子說話，結果又變成孩子聽父母說話。

還沒聽完孩子說話就下結論，又不容孩子申辯。

找到機會就數落孩子的缺點，包括翻舊帳。

另外則因為父母缺乏足夠的時間及技巧，來引導孩子說出各方面的意見，包括內心的想法。在《史賓塞的快樂教育》一書中，史賓塞設計了一種十二張紙牌的遊戲，很適合全家人一起分享內心世界。進行的方式是，大家輪流擲骰子，擲到什麼數字，就抽出這張卡片，並回答上面的問題。以下是史賓塞所設計的八個題目，其餘四題，則可由父母自由決定。

1. 講一講你最不快樂的事。

2. 說一件你覺得做得最好的事。

3. 評價一個你周圍的人。

4. 今年你最希望得到哪三件東西？

5. 你對自己有什麼不滿意的地方？

6. 哪件事，你努力了，但成效不大？

7. 深呼吸三次。

8. 擁抱一下你喜歡的人。

Lesson 04

爲什麼孩子做不到自動自發？

in 女兒's room～

「女兒，讓我們一起學習！一起進步吧！」
「難道爸爸小學的數學也沒學好？」

有沒有「天生」自動自發的小孩？

父母都希望孩子自動自發、積極主動，但看到的卻是被動、懶散、叫不動，似乎只有吃喝玩樂才會自動自發。知道別人家的小孩可以自我管理、自己安排讀書時間，就非常羨慕。不免懷疑，應該是「天性」所致吧！如果我的孩子天生懶散，這種個性改得了嗎？

自動自發或被動懶散，真的是天性、難以改變嗎？如果是，父母也會不甘心吧！多麼希望自己的孩子也知道讀書的重要，會為自己的前途努力，能克服享樂的慾望，自我要求、自我負責……。

「要怎樣才能讓小啓自動自發呢？」小啓的媽媽憂愁的問。接著又說：

「每天我很早就出門工作，很晚才能回家。回來時已經很累，又看到小啓在看電視，就覺得好生氣。我目前打兩份工，就是希望趁著年輕、有體力，爲孩子多存點錢，讓他們讀書。但，小啓卻不能體諒我的辛苦，再一年就要考高中了，還跟讀小學的弟弟成天趴在地上玩……。唉！孩子不懂事，我真的很累！」

我同情小啟的媽媽，但是「哀怨」並不能使小啟自動自發。指出孩子的毛病很容易，要幫助孩子改善就得有決心、有方法；否則親子之間，只會在「媽媽哀怨」及「孩子不懂事」中惡性循環。

　　解決問題的第一步是「界定問題」，包括：

1. 何謂「自動自發」？自動自發的行為有哪些？

2. 孩子為什麼不能自動自發？是什麼「妨礙」或「阻止」了他自動自發？

3. 同齡孩子中，有多少人能自動自發？「關鍵因素」是什麼？

4. 父母可提供什麼協助或方法，讓孩子較容易自動自發？

孩子能自動自發的「關鍵因素」

　　我在女兒的班上當志工媽媽，陪他們練習數學。於是，我以「我為什麼會自動自發」或「我要如何才可以自動自發」為題，讓國中八年級的孩子二選一，寫一篇 500 字左右的作文。

　　全班 40 人中，有 4 人寫「我為什麼會自動自發」，比率為 10% ；其餘 36 人則認為自己還做不到自動自發。

　　先看看這 4 個能自動自發的孩子怎麼說，找出共通的關鍵因素。

　　首先是我的女兒鈞怡，雖然是我要她寫「我為什麼會自動自發」，但，我相信而她自己也同意，她已經能夠自動自發了。她說：

> 我並不認為，我的自動自發有何稀奇或值得鼓勵！說穿了，只是為了實現自己的願望罷了！我知道如果不主動向前、努力、認真，就永遠接觸不到我的理想世界。
>
> 一個人，不可能去做或涉入與自己無關的事。主動念書與參加比賽，是為了爭取好學校；如期繳交作業，是為了平時成績與操行成績；主動存錢，是為了想買的東西；自動對一個人獻殷勤，是為了得到他（她）的心。

一個人如果沒有意願，旁人再怎麼推，也不能讓他做；反而會在別人的強迫與命令中，變得愈來愈被動。因此，最有效的方法，應該是引出他的「興趣」與「願望」。

「一個人沒有夢想，那跟鹹魚有什麼兩樣？」每個人都應該有一個，使自己不致於變成鹹魚的夢想。

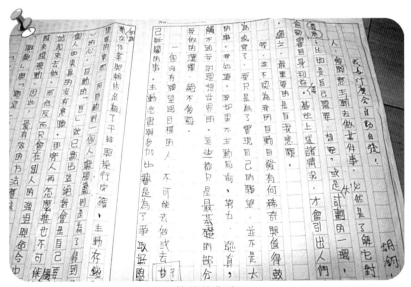

鈞怡的作文

第二個孩子──小達，他寫的是：

人一生當中，會經歷數個階段；每個階段的第一步，就

是決定自己的方向。有了確切的目標，努力去實現，這就是自動自發。

以前，我也是個不太自動自發的人；總在考試近了，才開始抱佛腳，考完就忘了，完全失去求學的意義，整天渾渾噩噩過日子，一點鬥志也沒有。直到上了國中，決定了高中想讀的學校，有了明確的目標，才開始改變自己。

一開始坐在書桌前，總會一直分心；最後我找到了一個方法，就是去圖書館。因為那裡每個人都在讀書，非常安靜，沒有任何東西誘惑你，不像家裡有電視、電腦、冰箱、棉被⋯⋯。

第三個孩子──小航，他寫的是：

長久以來，我對學習這件事一直都很被動；直到升上八年級，才慢慢覺得學習不再痛苦，而是件幸福的事。我不再被媽媽叫著去讀書，而可以主動學習了；因為我發現，學習是件非常重要的事。

以前我最討厭數學，自從胡媽媽給我灌輸正確的觀念──積極的玩數學，使我對數學充滿信心；並且抱持著絕不放棄的心態，終於可以不再讓父母操心功課，也不用三

催四請了。因為，學習是件快樂、幸福，而不是痛苦、無趣的事。

真不好意思！小航說的胡媽媽，就是我啦！

第四個孩子——小綸，他寫的是：

我可以自動自發的理由很簡單，因為我對數學「有興趣」，是一種日日夜夜都想碰、都想領悟的興趣。為什麼我會對數學這麼有興趣呢？因為我常接觸它，讓它變成我的好朋友，成績自然就進步了。

其實不管是誰，都可以具備這項自動自發的能力，這只在一念之間而已。如果選擇「懶」的話，明年這個時候，一定會後悔；反之，選擇「勤」的話，明年的基測就可以拿高分。

由這四個孩子的表述可知，自動自發是因為：

1. 發現學習是件幸福、重要的事。
2. 有了確切的目標，努力去實現，就能自動自發。
3. 每個人都應該有一個，使自己不致於變成鹹魚的夢想。
4. 常常接觸某項課業，讓它變成好朋友，成績自然進步。

5. 不管是誰，都具備自動自發的能力，只在一念之間。選
　擇「懶」，就會後悔莫及，選擇「勤」，就可以成功。

　　孩子懂得自動自發，的確令父母欣慰：因為他們有了奮鬥
的目標，知道何去何從，所以能夠勤奮、好學。此時，父母只
要陪伴與打氣，幫助他們「設法」接近目標即可；但不要操之
過急，給孩子太大的壓力。

　　孩子能達到預設的目標固然好，達不到仍要珍惜這份「自
動自發」的態度，不要因此對孩子灰心。要安撫孩子受挫的自
信，不要讓孩子因一次的失敗就以為自己很差勁。其實，只要
「多設幾個」想要追求的目標與夢想，並繼續「自動自發」的
態度，一定會成功。

是什麼「妨礙」或「阻止」了孩子自動自發？

小云說：

每天回家，書包一放下，我就開始玩電腦或看電視；有時候媽媽叫我，我都裝做沒聽到。

　　像小云這樣，抗拒不了電腦或電視的國中生，可能不少吧！所以父母師長應將孩子喜歡看電視、玩電腦視為正常現象，不要以完全禁止的方式處理。而是教導他們選擇較好的節目、培養其他嗜好，並學習如何安排休閒活動。

小靖說：

曾聽某位老師說：「100 個學生裡，只有 5 個會自動自發的看書，90 個需要他人鞭策，最後 5 個就連說他，也當沒聽到。」我發現這是懶惰和定力不夠造成的。因為懶，所以不會主動接近課本；因為定力不夠，所以容易受電視、電腦、漫畫的誘惑。要屏除這些誘惑，培養適當的興趣是最好的方法，例如：下棋、畫圖、樂器、運動……等。

鈞怡常以「看漫畫」及「畫漫畫」
當作休閒活動

　　有了其他更好的休閒活動，才能避免沉迷於電腦、電視、漫畫當中。「休息是為了走更遠的路」，父母師長應「重視」休閒活動的價值，允許孩子每天都有時間從事休閒活動。而且，電腦、電視、漫畫也算是正當的休閒活動，可以善用，不應完全禁止。

　　小棠說：

我不能自動自發，一定是我的意志力不夠強，打不贏懶
蟲才會這樣。但現在老師寫習作時，我都會跟著寫；很
多事也都不懶了，只差自動自發而已。

　　不僅青少年階段如此，成年人也未必有足夠的意志力抵擋
懶蟲吧！「好逸惡勞」屬人性共通的弱點，大家都喜歡待在
「舒適區」當中。所以，大人豈能雙重標準，寬以待己，卻嚴
以律人呢？應先「同理」孩子，再督促孩子一起對抗懶蟲。

　　小維說：

我為什麼不去看書呢？我自己也常在想這個問題。即使
玩電腦、運動、上課時，也會突然想起。電腦與看書相
比，我覺得電腦比較好，因為能玩又能跟朋友聊天。我
不喜歡自己一個人，沒有人可以說話；心裡的話只能說
給自己聽，很無聊！因此才導致我不愛讀書，更喜歡玩
電腦吧！

　　小維也想好好讀書，但因「寂寞」而無法安心讀書。小維
有心事卻無人傾訴，只好在電腦上與人聊天。這也是他自認不
愛讀書而愛玩電腦的重要原因，疼愛小維的父母，注意到小維
的空虛嗎？

小堯說：

我是個到段考前兩天才會看書的學生，平常每天的生活就是看電視，甚至書包裡連一本課本都沒帶回家。正因為這樣，考前臨陣磨槍，時間總是不夠用，讓我感到很煩躁，更靜不下心來讀書。最後只好自欺欺人的說：「反正現在也看不下書，不如先去休息，明天早一點起來複習就好了。」

小堯的資質很好，所需要的是在考前 7 至 10 天就開始複習。如果父母能提醒及陪伴他，小堯就不會因為時間不夠，而覺得煩躁、不想讀書了。小堯的成績其實很好，只要找到適合的方法，一定會有所突破。

由上述孩子的陳述可知，「妨礙」或「阻止」自動自發的因素是：

1. 電腦、電視、漫畫的誘惑。

2. 沒有足夠的意志力抵擋懶蟲。

3. 臨時抱佛腳，以致讀書時間不夠而煩躁。

4. 因為「寂寞」，有心事卻無人傾訴而無法安心讀書。

5. 總是「自欺欺人」，以為明天再用功也不遲。

鈞怡小學畢業紀念冊的封面，是她畫的漫畫喔！

如何讓孩子「較容易」自動自發？

小芃說：

在學校，老師是按進度上課，而不是按程度上課。雖然
老師一定會說，不會可以去問他，但說實在，我一點也
不喜歡去辦公室問老師，更不喜歡當著同學的面前問。
在補習班，老師會有一定的要求，會主動問你會不會，
會私下輔導你。所以，只有在補習班，我才會自動自發
的問問題，找老師要考卷來寫，所以我喜歡去補習班。

學不會時，不喜歡問學校老師的孩子，也許不只小芃一
個：但為什麼小芃比較敢向補習班老師發問，而不肯向學校老
師求助呢？這值得教育界深思。哪一天，學校老師也能**按程度**
上課，而不只是按進度上課呢？哪一天，學校老師也能對每個
學生有一定的要求？能主動問每個學生會不會，並額外輔導學
生呢？這些教育的理想，在國內似乎只有少數「另類教育」的
學校做得到，何時才能成為「正常的」教育活動呢？這就仰賴
我國教育制度的規劃，能為這些跟不上的孩子另外開班，投入
更充沛的教育資源，像芬蘭的教育一樣。

小華說：

每次上數學課，我都沒辦法專心；只要看到黑板上的數學題目，就快昏倒了。幾乎數學的每個單元，我都不會。直到有一天，我下定決心，拿數學課本去問同學；問完之後才發現，原來數學這麼簡單。我之前沒有了解，就直接說不會；以後我一定要把題目看完，真的不會就去問同學。

有些孩子對於學習，因為「學不會」而導致「恐懼」及「逃避」：鼓起勇氣求助，經由同儕協助而克服困難後，才使學習向前邁進了一步。然而，這樣的成功經驗如何持續？以免又回到「學不會」的原點，學習的挫敗感總大於成就感。

小瑞說：

先去運動再來看書，比較不會那麼懶；運動後，較容易自動自發的看書。運動前，想看書比登天還難，就好像被綁住一樣，完全不想動。但是，騎著滑板車出去運動一下，回來後就覺得「被綁住的感覺」消失了。

小瑞這招不錯喔！所以學校及家長應鼓勵孩子多運動，以

紓解「被綁住的感覺」。讀書不在於綁在書桌前的時間多少，而是能真正吸收的效果。身體多動動，腦筋才能跟著轉動啊！

小鴻說：

> 我一天到晚總想著一些無關課業的事，上課又很容易分心，所以功課不大好；再加上沒有確切的目標，所以會認為沒有努力的意義。現在我已經下定決心改進了，回家至少看一小時的書，睡前再重新複習。我已經決定升高中的目標，為了向目標邁進，必須更努力、更用心。

幫助孩子確立「幾個」明確的奮鬥目標，可使孩子知道努力的意義。所以，父母師長應因材施教，依孩子的能力及興趣，協助他找出屬於自己的「若干」目標。目標是自己的，不需與人比較；依自己目前的狀況，找出較高的階段目標；達成後，再逐步調高。

協助孩子定目標、做計畫

小瑄說：

我媽總在我正想讀書時，就問我讀書了沒，讓我幾乎每天都被冤枉。對於數學，我原本想順其自然，當胡媽媽來幫我們時，剛開始我並無感覺，直到有一天，有一題數學我怎麼也想不通，就抱著一絲希望去問胡媽媽，終於明白了，我也被感動了；開始對數學產生興趣、努力學習。每當數學進步一點，我也跟著高興一點；漸漸的，數學就愈來愈好了。

孩子不喜歡被父母冤枉他不讀書、不用功，其實不少時候孩子是想讀書的，希望父母相信他、鼓勵他。而且，**協助孩子突破學習困境，使孩子有了成就感，他才會心甘情願且自動自發的用功。**但是，要累積足夠的成功經驗，才能使孩子相信自己的能力；所以，這部分就得靠父母師長多為孩子製造成功的機會。學校考試常考得太難，讓某些孩子一直受挫，這也是我們教育上的一大問題。

小梅說：

> 有時候，我也想考個前十名給爸媽看，因為他們都希望我讀高中、考大學。但，我的想法不一樣，我比較想讀高職，學習我想學的科目，學個一技之長，將來做自己喜歡的工作。我的父母卻不認同我的想法，我很不喜歡不自由的感覺，不喜歡不能自己決定未來。大人會一直逼小孩讀書，其實就算逼，小孩不愛讀，又有什麼用？這樣大家都很累啊！為什麼不讓小孩選一個自己喜歡的科系，這樣他也會比較快樂。

的確！孩子的未來，他應有權參與及決定。如果孩子擁有明確的目標，為什麼一定要逼他符合父母的期望、放棄自己的

興趣呢？每當聯考放榜，報紙及學校總大肆宣揚少數基測、學
測滿分的學生，「嚴重忽略」分數不高的學生的尊嚴與權益。
人盡其才、因材施教，不僅適用於高分者，所有的學子也應為
自己的學習權益「發聲」。否則，教育的不公平，永遠無法消
弭。

　　「得天下英才而教之，一樂也」，能教會學習困難的孩子，
會更有成就感與貢獻。父母應與師長共同合作，運用各種方法
（包括同儕的力量），協助大多數「非英才」的孩子，突破學習
困境，建立自信心，達到自己訂定的「目標」（是「範圍」
喔！所以可以多訂幾個）。

要不要「逼」孩子讀書？

什麼是「逼」？要釐清「正確的逼」與「錯誤的逼」。先自問：要不要「逼」自己參與孩子的生活？分清楚「正確的參與」與「錯誤的參與」。

「逼」是為了幫助孩子建立自信，使孩子擁有下列條件：

1. 具備「基本學力」（依孩子資質，使各科課業成績達到一定的水準）。

2. 有自己的獨特能力（多項專長）及表現機會。

3. 對自己的事務（功課、專長及家事）能勤奮、負責。

4. 覺得自己很不錯（如：個性、運動、受人歡迎、對團體有貢獻等）。

試著以動物為師，讓牠們當孩子的「貴人」。

●一、以「海鷗」為師，學習「看得遠」

有一首歌，是這麼唱的：

海鷗飛在藍藍海上，不怕狂風巨浪。

揮著翅膀，看著遠方，不會迷失方向。

飛得愈高，看得愈遠，牠在找尋理想。

我願和海鷗一樣，那麼勇敢堅強。

好父母可以這麼做：

1. 不要只看孩子眼前的表現就下定論，眼前好不一定真好，眼前不好不等於未來不好。

2. 不要只看學業成績，高分不等於成功，行行可以出狀元。不必「盲目」地鑽聯考窄門，到頭來反而「高不成，低不就」。

二、以「烏龜」為師，學習「堅持到底」

「龜兔賽跑」時，烏龜為什麼會贏？

好父母可以這麼做：

1. 毅力比智力重要，不要怕孩子不夠聰明，要培養及鼓舞孩子的決心及恆心。

2. 不要介意輸在起跑點，人生是場馬拉松賽，重要的是贏在終點。

三、以「螞蟻」為師，學習「一點一點的累積」

螞蟻不僅力氣大，更在於「勤能補拙」。

好父母可以這麼做：

1. 別擔心自己的孩子像隻小螞蟻，只要您肯陪著他一點一

點來，愚公也能移山。

2. 萬丈高樓平地起，做學問、學專長亦然；儘量天天做，
積少成多、滴水穿石。

四、以「大雁」為師，學習「相互激勵」

雁群遠行，靠的是集體鼓舞與互助。

好父母可以這麼做：

1. 注意孩子好的地方（10題中「對」的4題），並大大的
誇獎他。

2. 協助其克服學習困難，進步一點點也要誇獎。

五、以「小鳥」為師，學習「放手」

大多數的動物，在孩子可以自行生活後，就「放手」讓牠
完全獨立。

好父母可以這麼做：

1. 了解、尊重及支持孩子的專長。若還不知道孩子的專長
或興趣，表示父母與他接觸太少，或未認真聽他說話。

2. 相信孩子，從旁協助；千萬不要懷疑孩子，而一直為孩
子做決定。

🍪六、以「？」為師，學習「耐心」

有哪些動物很有耐心，能心平氣和、不亂發脾氣？

好父母可以這麼做：

1. 無論如何，不要對孩子吼叫，或表現出不耐煩、失望的

    樣子。「有耐心」
    是件「知易行難」
    的事，雖然知道
    「應該」這麼做，
    可是往往在對孩
    子吼叫、甚至
    「出手」修理之
    後，才發現自己
    「再度」情緒失
    控。

2. 無論如何都要先
    調整好自己的情
    緒，再來面對孩
    子的問題。

孩子為何不能一直像幼兒園一樣
快樂學習？

心理學家對父母的建議

一、心理社會發展階段論

艾力克森（E. Erikson）提出「心理社會發展階段論」
（theory of psychosocial stages），將人生分為八個階段，各有其發
展任務。各階段中，與「自動自發」有關的是：

> 階段三：3歲至6歲：此時的發展任務是培養「積極主
> 動」（initiative）的精神，否則就會「退縮內疚」
> （guilt）。
>
> 階段四：6歲至青春期：此時的發展任務是培養「勤奮
> 進取」（industry）的精神，否則就會「自貶自卑」
> （inferiority）。

二、成就動機

成就動機（achievement motive）是影響一個人積極求生
或消極退縮的關鍵，是促使個人努力追求成就的心理性動機。
高成就動機者的行為特徵是：

> 1. 求好心切，儘量將所從事的工作做到盡善盡美。

2. 在無法確定成敗後果的情況下，傾向於不計成敗，敢
　 於冒險犯難。

3. 善於運用環境中的資料，能夠從經驗中記取教訓。

　反之，低成就動機者，看到的不是成功而是失敗。研究證
實，影響一個人成就動機的主因是父母的教養方式。

🍪 三、積極思考或正向思考

　積極思考或正向思考（positive thinking），也會左右一個
人前進或後退。積極思考不是完全拒絕承認消極面的存在，而
是拒絕與消極面共浮沉。事情不順心就緊張煩躁，一點兒好處
也沒有。積極思考是一種思考方式，習慣從最惡劣的環境中，
尋求最好的結果。

　培養正向思考的方法如下：

1. 遇到問題時，檢視自己的思考內容，並把它逐條寫下
　 來；再一一「重新評估」是否正確，試著改變自己原
　 有的想法。

2. 列出妨礙成功的所有個人因素或弱點，再自問有多少
　 改善的空間？

3. 找出一件個人目前的困境，聚焦於「**如何成功**」，列出
所有可以助你一臂之力的方法。

🍪 四、學習動機

學習動機強或高的人，發展出「精熟導向」的歸因，認為：成功是因為能力強，失敗是因為努力不夠。低學習動機者則發展出「習得的無助」的歸因，認為：成功是因為運氣好，失敗是因為能力不夠。

1995 年哈佛大學教授丹尼爾‧高曼出版《情緒智商》（*Emotional Intelligence*）一書，認為預測一個人是否成功的關鍵，不在 IQ 而在 EQ。 EQ 是指：個人自我掌握，以及與人圓融相處的能力或人格特質。範圍包括：

1. 自我驅策力：如何激勵自己愈挫愈勇。
2. 自制力：如何克制衝動與延緩滿足。
3. 熱忱：如何調適情緒，避免過度沮喪而影響工作能力。
4. 同理心：如何設身處地為人著想。

前三項能力，即能保持或提高一個人的學習動機。

🍪 五、自我效能

自我效能（self-efficacy）是指：個人對自己從事某種工作所具備的能力，以及對該工作可能做到的地步，是一種主觀的評價（張氏心理學辭典，頁 587）。自我效能高者，會創造性的思考解決問題的方法，會找尋新的方向而不輕易放棄，藉由成功經驗來提升自我效能。所以，有計畫的增強孩子的能力及努力程度而獲得成功，就可以提高孩子的自我效能。

羅馬假期女主角奧黛莉赫本說：「人之所以為人，是必須充滿精力、自我悔改、自我反省、自我成長，並非向人抱怨。」能自我反省及悔改的人，愈能自我成長及充滿精力，反之，就會一直向人抱怨。前者的自我效能會愈來愈高，後者則會愈來愈低。

Lesson 05

找回孩子被擊退的自信心

in 輔導室

「老師，我父母嫌我不夠自動，但他們只會罵人，我又不是機器人，沒有興趣的事怎麼做得下去，真的很麻煩……」

（父）驚愕！

（母）汗顏～

「老師，您應該去輔導他們才對！」

不要讓分數毀了孩子

《史賓塞的快樂教育》一書中提到：「不要讓分數毀了孩子。」史賓塞認為，學校總與考試密不可分，為了顯現教育成效，學校總會設法讓學生考出好成績。但忽略了與「好成績」相對的「壞成績」，會造成恥辱感及自我放棄。

> 有考試就會有優劣、勝負，面臨了競爭，隨之而來的就是評判，是勝利的榮譽和失敗的恥辱。有些孩子受到鼓勵，可能愈來愈好；有些孩子受到挫折，可能會愈來愈差。（頁181）

在父母為孩子的「優勝」而感到驕傲時，可能忽略史賓塞所看見的，競爭之下的勝利者，表面上優秀，實際上得不償失。只是會考試，而不見得喜歡學習。

> 一個受這種刺激而學習的孩子，很容易失去學習和求知本身的樂趣，他很少去發現知識，相反的，他會不斷去滿足標準答案。看起來，他是一個優秀的學生，但失去的比這更多。（頁182）

史賓塞擔心，父母一心只希望孩子考得比別人好，然後讀

名校、一路勝利；所以考得好的孩子，會設法維持高分，使自己愈來愈好。然而，父母不能忘了，競爭的結果有勝亦有敗；而「劣敗」的聯想，會使孩子產生自我貶值感，因而愈來愈差。

> 低分很容易給孩子差和無能的暗示，這種暗示會導致孩子出現挫折感。（頁182）

這種成績上「貧者愈貧，富者愈富」，差距愈來愈大的現象，百年前史賓塞就看到了，但我國至今卻仍繼續走在這條「不歸路」上。

> 許多父母由於不明白分數真正的涵義，同樣也採取憤怒的態度，又加重了孩子的挫折感。（頁182）
>
> 而那些得到低分的人，警惕只能增加不快樂的心情，有的甚至從此一蹶不振。（頁182）

「評分」的功能，原本是為了知道孩子的學習狀況，以決定後續學習的方向；是一種學習診斷，是過程而非結論。可惜，許多父母不去了解孩子的學習困難與需求，一看到低分就覺得一定是懶散、不夠用功。於是，要求孩子投入更多時間及心力去讀書，除了補習外，必要時不惜犧牲孩子的睡眠、運動

及休閒時間。如此，萬一還是考不好，孩子會更加覺得「力不從心」與「不如人」，挫折感更形強烈。人都有「趨吉避凶」的本能，孩子會為了避開不快樂，而索性完全放棄學習，不再參與這場不公平的考試競爭。

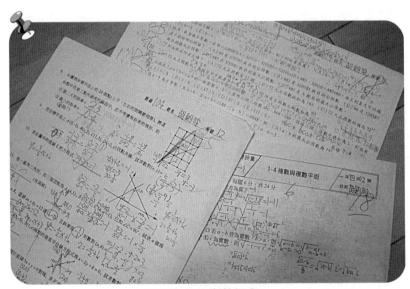

低分真正的意義何在？

日前在報上看到李家同先生的文章〈四技二專考了嗎？誰來關心弱勢學生〉。他說，大學指定考試考過了，所有媒體都大幅報導，尤其是報導狀元進的是哪所大學；而當他問許多教授朋友：「四技二專考了嗎？」卻大都不清楚，因為媒體幾乎

一字不提。為什麼媒體不重視四技二專的考試？李家同認為，因為整個社會不重視技職教育，大多數進入技職學校的學生，屬於弱勢學生；而我們社會一直有忽略弱勢同學的現象。

李家同擔心，我們的教育改革，只關心高分學生遭遇的問題，忽略了一個最基本的問題，他說：

> 國中升高中的考試，叫做基本學力測驗。顧名思義，應該是考一些基本的東西。可是誰也不敢將題目出得非常基本，那些程度高的同學一定會群起而反對。

為什麼「基本學力」測驗，不敢考「基本的」東西？

為什麼考得太基本了，程度高的同學一定會群起而反對？

如果怕程度高的同學反對題目出得「太基本」，為什麼不擔心程度差的同學反對考題「太不基本」？

到底要以什麼標準決定「基本的」學力？

李家同還說：

> 基測還採用了量尺計分的方法，你得到的分數是和同學相比的分數。……對於弱勢孩子而言，基測是一種羞辱性的考試。不知有多少孩子因為基測分數而喪失了信心。

　　「量尺計分」（量尺成績中的「PR值」，即百分位數）的教育目的到底何在？PR56的孩子，要說他輸給44人，或說他贏過56人，這到底有何意義？排出名次是鼓勵學生和別人比較嗎？這樣的排序是否會使學生「明白」自己居於人後的「殘酷事實」，因而喪失自信？

　　李家同覺得整個社會對弱勢孩子漠不關心，因為：

> 這些孩子的家長們不會要求政府幫助他們。政府官員往往出身好的家庭，也根本不知道弱勢孩子差到了什麼程度。

　　政府的官員往往出身好的家庭，屬於考試競爭中的「優勝」者，所以難以「同理」弱勢學生的痛苦。近三年來，我陪伴女兒度過國中生涯，到她的班上當了兩年的數學志工媽媽；的確看到為數不少課業受挫的孩子，因挫敗而逐漸失去自信，甚至自我放棄。**教育改革，如何真正注意到這群弱勢學生的心聲？**

　　不管是高分或低分，若孩子本身、家長甚至學校老師，都不了解分數的意義，只一味以競爭來決定勝負，恐怕只有少數（頂多10%）能考上明星學校的學生，才稱得上勝利者吧！於是，「怕輸」的家長「不敢不」讓孩子越區就讀，「不敢不」讓孩子天天上補習班；孩子的壓力愈來愈大，自信心及幸福感

卻愈來愈低。

　　針對這個問題，我發起成立「教育和平工作團」，分設青年組、教師組、家長組及社會組四個部分。歡迎所有「有心人士」共同「加盟」，希望透過長期、和平、合作的方式，達到下列目標。

「教育和平工作團」成立宗旨

1. 幫助每個孩子建立自信、自尊、自愛。
2. 幫助弱勢學生及家長「發聲」、爭取學習權。
3. 宣揚正確的成功觀念，讓每個孩子擁有自己的一片天空。
4. 促使每個孩子找到自己的天分，永不放棄自己的夢想。
5. 勸導家長、教師、社會人士改變錯誤的教育觀念及做法。
6. 持續、和平的教育觀念宣導及行動改革。
7. 整合所有關心教育者的力量。
8. 成為共同解決教育問題的互助平台。
9. 成為「知行合一」的教育實踐聯盟。
10. 協助父母增進教養知能。

　　我告訴女兒，一定會追隨李家同先生的腳步，以行動來「關心」弱勢學生。女兒用欽敬的眼神看著我，因為她一直很

喜歡李家同的作品，更敬佩他為弱勢學生做了那麼多事。所以當她聽到我想成為李家同的「門徒」，協助他傳播教育福音時，就「鼓勵」我趕緊去做！

我是該積極去做的！我是個教育博士，2004年7月辭去教授專職後，就希望做個「教育觀察員」，學習余秋雨先生寫《文化苦旅》一書的精神，也寫一本《教育苦旅》。所以，我會努力：

1. 協助弱勢孩子及家長，爭取應有的權益與尊重。

2. 努力推動正確的成功觀念，讓每個人都能自信、快樂，不再盲目的與人比較而自我打擊。

3. 「天生我才必有用」，促使每個人都能自我肯定，如此才能欣賞別人、互助合作。

4. 維護每個孩子的學習權利，去除教育的不公平、不正義。

5. 促進長期、根本的教育改革，找到最適合我國文化的正確教育方式。

可做的事還很多，最期望的是您共同參與。

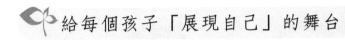

給每個孩子「展現自己」的舞台

讀國中時，我的身高只有 150 公分；加上皮膚很黑，所以綽號叫「黑子」，可想而知，我對自己的外貌有多麼自卑了。而我最要好的朋友玉蘭，真是人如其名，有如玉蘭花般潔白芳香；跟她一比，我的不好看就更明顯。但我猶不死心，抱持最後一絲希望的問爸爸：「你覺得我長得怎麼樣？」人家說「女兒是爸爸前世的情人」，也許「情人眼裡出西施」，爸爸應該會說我很可愛吧？爸爸想了一會兒，說：

> 說實話，你的容貌是中下之姿。所以，一定要多充實內涵，成為有氣質的女孩，才能得到別人的尊敬和喜愛。

唉！一定要說實話嗎？儘管這不是我想聽的，但爸爸這番話確實對我產生作用。當我開始不「以貌取人」的看待自己時，才真正開始喜歡自己；喜歡那個努力充實內涵，相信自己會有氣質的我。

讀國小時，台灣只有三家無線電視台，所有娛樂節目都分外珍惜，流行歌曲更是「老少咸宜」。我家三姊妹都愛唱歌，電視上唱什麼就跟著學什麼，還載歌載舞。我們不僅有一個最好的聽眾——單親爸爸，會專心聆聽、全心讚美；每當親戚朋

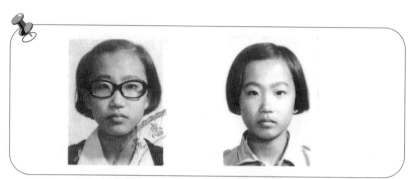

我國中的照片，很有自信吧！

友到家裡，爸爸更鼓勵我們「登台演出」。

我們很有自信、大聲唱著：「啊……！沒良心的人！」、「葡萄成熟時，我一定回來。」爸爸還會「指導」我們唱姚蘇蓉的歌「今天不回家」，要「特別注重」感情及表情。爸爸最喜歡姚蘇蓉了，要唱好她的歌可不容易，所以我們一遍遍的「超齡」演出，爸爸始終「真情」捧場，讓我們毫不保留的盡情發揮。

擔任公務員的爸爸，說我的字寫得好看，國中時，常要我幫他謄寫一些會議紀錄。當我認真的「刻」完，自覺寫得還不錯時，爸爸卻要我重寫，他說：

你可以寫得更好。

大學時，我的學業成績平均都能超過 90 分，當我自鳴得

意、可以申請不少獎學金時，爸爸卻提醒我：

　　有一個主科退步不少，一定要檢討原因。

　　我得意時，爸爸提醒我可以做得更好。我認為丟臉、下不了台時，例如：沒考上屏東師專，讀高雄女中時；先選自然組又轉社會組；第一次考師大教育研究所落榜等等，爸爸卻說：

　　我知道你已經盡力了，這不算什麼。

　　我臉上有一大塊黑斑，有人見了脫口就說：「沒看過顏色這麼黑的黑斑，好遠都看得見。」唉！我的「斑」是咖啡色，不是黑色的啦！害你老遠就看到，都是我的錯！我知道你這麼大聲嚷嚷並沒有惡意，但你這麼強調實在沒有意義。真的！我已經看過醫生了。真的！我努力過了。

　　還有人說：「怎麼臉上黑兩塊？是被人打的嗎？」天哪！面對這麼「天真的」猜測，我怎捨得反駁？

　　有人則說：「唉唷！怎麼會有黑斑？曬個太陽就更嚴重啊？我就沒有這個煩惱。」我相信你是有口無心，因為你不自覺的讚美自己，卻加重刺痛了我；但不論如何，我還是慶幸你有好膚質。

　　善解人意的老公及兒子則選擇「不說」，誠實的女兒說：

「你一直都是這樣的啊！」

乖學生說：「老師！你臉上哪有什麼斑？」同學！你肯來上課我就很高興了，不要讓我興奮過度啊！

在天國的爸爸會怎麼說呢？他當然希望我美美的，但他更會強調我其他的優點，不讓我太在意那些黑斑。我知道，爸爸會努力幫我穩固自信。他始終以我為榮，永遠相信我的用心，知道我有潛力，認為努力比天份重要。

也因此，我的自信心愈來愈堅強，愈來愈敢表現自己，能欣然接受外界的挑戰，能主動檢討、再求進步。

在天堂的爸爸，謝謝您！如今我會依靠自我鼓勵，隨時「補充」自信，再出發！

提升孩子自信心的訣竅

在國內激烈的升學競爭及無情的分數打擊下，孩子很容易喪失自信，其危害之大，無法預估。敦南心診所院長賴仕涵發現（2008 年 7 月 15 日，聯合報 E2），憂鬱症、焦慮症、暴食症、厭食症等心理疾病的共通問題——自信心不足；更精確的說法是，他們自信心的來源為——他人的肯定。反之，若沒有得到別人的讚美，就覺得自己一無是處，無法自己尋找成就感，不知如何自我肯定。

因為國人注重謙虛的美德，所以對於孩子較少讚美。但是，為了避免心理疾病、幫助孩子更有自信，父母不妨學習西式教育，常給孩子積極正向的鼓勵。

有些父母也許並不那麼在意成績，卻很難對抗世俗成敗的觀念；所以，下列方法提供父母平日提升孩子自信心之用。這些都融合了西方父母（詳參《101 個建立孩子自信心的方法》，1993 年，吳氏圖書公司出版），以及不少中小學老師的建議。

1. 經常給孩子擁抱或其他親暱的動作

《史賓塞的快樂教育》一書也說：

孩子需要擁抱及撫摸，若長期不能滿足（皮膚飢渴），就會發育不良、智力衰退。

所以要經常與孩子「近距離」的身體與心靈接觸。

2. 每天抽空陪孩子聊天，用心聆聽孩子說話

經常聽聽孩子對某些事情的想法，不要中途打斷或評論；讓他勇於表達，且能自我修正。

3. 記錄孩子每天的善行，偶爾頒個小獎

將孩子的特殊優點，拿個本子寫下來，甚至製作成獎狀，裱框掛在孩子的房間。也可在報紙的分類廣告欄上刊登啓事，祝賀孩子生日或得獎。

4. 每天爲孩子打氣

每天都要讚美孩子，每天給予孩子一則愛的小語。

5. 鼓勵並支持孩子去做想做的事

陪孩子找到自己的生涯舞台，與孩子共同訂定合理可行的努力目標。

鈞怡的成功日記

6. 看孩子的試卷或作業，先看進步及表現不錯的地方

進步是一點一滴累積的，只要「有進步」就夠了。馥茗恩師在我每一本新書出版時，都願意為我寫序，而且說「有進步」，這就是對我最大的鼓勵，使我有勇氣展示自己不成熟的作品。

7. 放手讓孩子做一些他想做的事

分配適當的任務讓孩子擔任，即使擔心孩子的能力無法達

成，也要放手讓他去做，或讓他自己想辦法解決困難。

8. 提供孩子創造、表演的舞台，安排時間與活動讓孩子表演才藝

不是為了炫耀，也不必為了得獎，每個孩子都有權力展現自己。

9. 鼓勵孩子欣賞並說出他人的優點

每個人都有地方值得我們學習，所以要鼓勵孩子大方的說出欣賞別人，以及想向別人學習之處。

10. 鼓勵孩子培養興趣

跟著孩子一同學習，或共同練習一個新技能，直到這個技能成為孩子的興趣。例如：下象棋、打球或游泳。

11. 出席孩子的表演活動

如學校的才藝發表會、成果展、運動會等，做孩子忠實的捧場者。

為孩子的表演喝采

12. 遵守對孩子的承諾

答應了就要做到，讓孩子感受他在父母心目中的地位與價值。

13. 讓孩子教你一些你不會的事

讓他知道，父母不是樣樣都比孩子好；孩子一定有些事情或能力，是超越別人、可以為大家服務的。

14.**邀請孩子的朋友到家中做客，並讓孩子自己策劃宴會的方式**

這樣可以顯現孩子在家庭中的地位，以及提升他做人與做事的能力。

15. **和孩子一起討論房間的布置與擺設，讓孩子有權做決定**

除了布置房間之外，還可經常製造一些讓孩子選擇及決定的機會。例如：購物時，兩件不錯的東西，由孩子挑選其中之一。

16. **蒐集及展示與孩子相關的相片或作品**

為孩子編輯愛的相本，蒐集孩子的成長相片，或編一本屬於他自己的書。

17. **安排與個別孩子的特別約會或活動**

家中若有幾個孩子時，為個別孩子安排特殊的活動，會提升他的自我價值感。

18. 鼓勵孩子寫信給他崇拜的人

讓他勇於去做「自我突破」、「自我超越」的事情。

19. 當孩子失敗時，跟孩子討論失敗的原因，並從失敗中學習

要學習與失敗共存，學習與挫折做朋友。將失敗與挫折視為正常，而且知道，其價值不亞於成功，甚至更好。

20. 親手為孩子做些東西

如：親手做糕點給孩子吃，製作小禮物送給孩子，或寄張卡片給孩子，為孩子做愛心便當等。

如何協助孩子找到「自我目標」，學會「時間管理」？

許多父母擔心孩子浪費時間在吃喝玩樂，於是採取「圍堵」方式，嚴格規定讀書及玩樂的時間，甚至禁止玩樂，緊盯著（安排）孩子只能做父母認為有價值的事。這些是捨本逐末，事倍功半的做法，根本之道還是要協助孩子找到自己的目標，他才會由衷的努力。

目標愈明確、可行、有階段性，達成的機率愈高。及早讓孩子體會到「我的人生由我負責」的道理。目標不只是課業，更應包含：身心健康、人際關係、休閒嗜好等，與課業同等甚至更為重要的事。

父母不小心會「貪得無厭」、「得寸進尺」，給孩子過高的期望。不僅孩子覺得壓力很大、恐懼失敗，而且在「高標準」及「只許成功」的要求下，會變得更容易「失敗」，然後令父母「失望」，親子關係就在失敗與失望中惡性循環。父母只看到孩子的缺點，面對孩子時只有憤怒與沮喪，這樣的結果實在可惜、可憐、可悲，更可怕（會毀了孩子的自信心）。

正確的期望是，重視孩子的夢想，接受孩子的失敗，並由孩子自己決定對成敗的觀感，且注意他是否「過度反應」。其

實，沒有所謂失敗，有的只是「失誤」或「還沒學會」。父母應以孩子的夢想為夢想，有計畫的協助他逐步達成目標，並接受「成功不只有一種」（所以夢想可以多訂幾個）、「失敗是必然的過程」（失敗的學習價值更高）等觀念。

　　有了確切的若干目標，就要懂得利用有限時間逐步達成，這就是「時間管理」。一般人做不好時間管理，原因主要有三：

　　1. 目標的方向及計畫不夠具體、明確。

　　2. 三分鐘熱度、沒有恆心。

　　3. 未能感受「時間管理」的好處。

　　所以，要透過「做中學」，運用時間管理的行動技巧，才能逐漸享受完成任務的喜悅。

🍪 一、細水長流

　　真正的效率是持久、穩定的，所以，好的時間管理者不會「大起大落」：先拚命工作，然後再澈底休息；而是隨時保持最佳體力及心力，讓大部分時候效率都差不多。

二、分段施工

好的時間管理者不會採取「一氣呵成」的方式，把自己累得半死。而會先計算一件工作（例如準備考試、完成作業）所需要的「工期」，再調配最佳進度，分成幾個階段或段落逐步完成。

三、交替進行

如果全部時間都只用來讀書，一定會身心失衡。唯有兼顧生活的各個層面，如運動、嗜好、休閒、人際關係等，與課業交替進行，才能調劑身心及恢復平衡。

四、運用工具

使用計時器、時間管理表、週計畫、月計畫、年計畫等表格或工具，以書面記錄方式，幫助自己檢查與檢討讀書或工作的效率與效果。

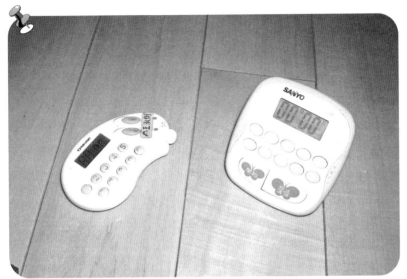

計時器可以小兵立大功

　　我設計的「時間管理表」樣張如下，父母可自行改編、影印或找類似的記事本來使用。

　　「時間管理表」示例，如下：

　　月　　日　　星期

8：00 .... 　　16：00 ....

　　　　　.............................. 　　　　　　..............................

9：00 .... 　　17：00 ....

　　　　　.............................. 　　　　　　..............................

10：00 .... 　　18：00 ....

　　　　　.............................. 　　　　　　..............................

11：00 .... 　　19：00 ....

　　　　　.............................. 　　　　　　..............................

12：00 .... 　　20：00 ....

　　　　　.............................. 　　　　　　..............................

13：00 .... 　　21：00 ....

　　　　　.............................. 　　　　　　..............................

14：00 .... 　　22：00 ....

　　　　　.............................. 　　　　　　..............................

15：00 .... 　　23：00 ....

　　　　　..............................　　　　　　　..............................

【今日最重要的事】

.... 　　..............................

.... 　　..............................

.... 　　..............................

.... 　　..............................

.... 　　..............................

🍪 五、時間單位的切割與規劃

如何善用時間做完「所有」的事？那就要每天規劃時間的運用，以 30 ～ 50 分鐘為做一件事情的一個時間單位。每次規劃半天，約 3 ～ 6 個時間單位，交替安排 3 ～ 6 件事情，包含休閒、運動。例如：一個中學生的晚上 7 點至 10 點半，可切割規劃為：

7:00 ～　7:50	英文作業	
	（休息 10 分鐘）	
8:00 ～　8:40	國文考試準備	
8:40 ～　9:20	數學練習	
	（休息 10 分鐘）	
9:30 ～ 10:00	吉他練習	
10:00 ～ 10:30	社會習作	

🍪 六、分辨輕重緩急

如何能先做完「重要及麻煩的事」，以免一直拖延，到後來因時間不夠而惶恐不已？要鼓勵孩子先做「重要及麻煩的事」，包含「討厭的事」、「困難的事」，養成不怕麻煩、挑戰

困難的正面態度。

七、環境布置

1. 從整理環境開始，培養清楚的腦子。

2. 清爽的環境，等於清楚的思緒。

3. 事情的先後緩急，與環境布置有密切的關係。可運用檔案夾來區分事情的緊急程度，如： A「最速件」、 B「速件」、 C「例行事件」。

4. 環境的美化、綠化，可提升工作與學習的情緒。

八、提前開始

為何不能早點開始？拖延的危害很大！在壓力下容易崩潰、過勞或逃避，「慢工出細活」才是長久之計。以段考準備來說，要提前開始，訂定「7 ～ 10 天」的複習計畫。

九、提前完成

如何做到「明日事今日畢」？這才是時間管理高手的最高指導原則。尤其長期的工作更要儘早開始，並提前完成，才能預留時間檢查與修正。例如：升學考試的準備，許多孩子事後懊悔考得不理想，多因起步太晚，而且沒有「提前完成」考試

鈞怡的段考準備計畫

的準備，以致考前才發現許多地方未學好。

十、自我激勵與調適

如何可以持之以恆、真正成為時間管理達人？滴水穿石、積少成多、羅馬不是一天造成的、愚公移山……等格言，是時間管理者自我激勵的口號。

真的！學了時間管理之後，就會覺得時間真的夠用；而且還會多出不少時間，做更多想做及培養能力的事。所以，好父母一定要教會孩子時間管理。愈早學會，孩子

的「潛能」愈能得到機會展現出來。

天才是 1% 的靈感加上 99% 的努力

Lesson 06

當孩子犯錯時

in 女兒's bed room

「嘿嘿！如果清單上的話都能成真與消失，就太好了！再多列些！」

「女兒……原來妳對為父的這麼不滿，是嗎？」

孩子犯錯的背景因素

當孩子犯了錯，尤其是在學校被處分、記過，剛開始父母會非常震驚、痛苦，一時茫然失措，不禁先怪罪別人，如：

導師為什麼沒有及早告知？

學校行政為什麼毫不容情？

做母親的（指太太）為什麼不能管好孩子？

做父親的（指丈夫）為什麼不夠關心孩子？

同學為什麼要帶壞我的孩子？

孩子為什麼那麼不懂事？

其實，心裡還是知道，並非全是別人的錯；但是，表面上卻抗拒接受自己也有錯。能夠虛心求助的父母，較快找到關鍵而解決問題，孩子也較快恢復正常，之後會表現得更好。若因面子問題，使父母不敢或不願向外求助，固執的仍以舊模式來處理危機，未能對症下藥；那麼，孩子的問題就會因累積而愈演愈烈。

孩子為什麼說謊、偷竊、沉迷網路、打架，甚至犯罪？有下列背景因素。

🍪 一、親子相處的時間及了解不足

　　2008 年 8 月 30 日有個新聞（聯合報，A5），標題為：「失控女娃，9 歲蹺家 50 多次，在家搞破壞。」報導說：

　　小女孩兩年來蹺家 50 多次，已成派出所常客。最近一次離家，更長達 11 天；最後在大賣場偷食物，才被發現。

　　女童母親表示：「我已經不知道如何管教女兒了？」

　　搞破壞的部分指，弄壞家裡數台電視及筆記型電腦；在學校也偷藏同學的東西，還曾把鋼珠塞進同學的耳朵裡。

　　女童的家境很好，父母月入 30 萬；母親說：「只要她開口，要什麼都可以給。」可是母親就是不了解女兒為何在家待不住？

　　社工員發現，女童與父母的關係不好；女童學齡前，由保母 24 小時照顧（保母換了 12 個），直到進小學才與父母同住。去年初學校發現女童身上有傷，通報社會處緊急安置了 3 個月，責令母親強制親職教育 8 小時；但母親對孩子還是有滿腹牢騷。

　　女童 7 歲讀小學與父母同住之後，就不斷發生蹺家及破壞

的事件。可見，相處兩年來，父母一直無法有效管教女兒。

問題的由來，明顯暴露了父母對子女的了解不足。讀小學之前，女童均由保母照顧；接回同住之後，父母仍沒有付出足夠的心力及意願去了解孩子。其實，女童頻頻更換保母時，父母就沒有澈底解決問題、及時加以補救。

個案中的父母，既不檢討先前六、七年未照顧女兒的貽害；女兒出現問題後，也不探尋真正的原因。只一味責怪女兒難管，甚至施以體罰。如此怎能將女兒導向正軌？

不少父母因為工作、經濟壓力，或自覺沒有能力帶小孩，就把孩子交給長輩或保母照顧，甚至 24 小時全天托育；認為只要有人養護就好，而不考慮孩子的親情需求與教養品質。等到出問題了又茫然失措，只知責怪孩子或保母。這些都是相當不負責任的做法。

為人父母在孩子年幼時，**儘量多付出時間、心力，這是絕對值得的**。不要圖一時之便，把大部分責任交給保母、長輩或托兒所，失去教養孩子、建立親情的最佳時機。等孩子出現種種偏差行為時，才感慨「因小失大」、「得不償失」，已經來不及了。

孩子青春期之後，因為內、外在壓力增多，身心不平衡的狀況也愈來愈多。這時，更需父母付出時間與耐心，與孩子多

相處、多交談，才能及時協助他探索人生的真相、度過生命的難關，不致錯失自己的目標。

二、父母以高標準要求孩子，不顧慮孩子的意願與能力

國人一直受到科舉考試高中狀元的影響，以考上明星高中、大學，為求學最重要的目標。抵擋得住傳統觀念、社會壓力，而讓子女依自己興趣、能力多元發展的父母，屬於少數。主張多元化教育的另類教育學校，如宜蘭的人文中小學、苗栗的全人中學，也是學校教育型態的少數。所以，只有為數不多的孩子能「享受」應有的學習權益。

多半的父母仍不由自主，為孩子找尋升學率高的學校：拜託老師嚴格些、多些考試，補習班更是「不敢不去」。總以為只要辛苦幾年，等考上理想的高中、大學後，一切都值得了。

但是，明星高中、大學的名額寥寥可數：不管再怎麼努力，大多數孩子仍擠不進去。可是父母忽略這個事實，只更加施壓，不顧慮孩子的意願與能力。例如報載（2006 年 6 月 27 日，聯合報 A5）：「兒沒滿分，台大爸罰學狗叫。」報導說：

　一名台大畢業的父親，育有一子二女；對國小五年級的

獨子，期望特別高。課後安排很多補習，希望兒子將來和他一樣，念好學校。這位父親的要求十分嚴格，考試沒滿分，或犯了他認為不該犯的錯誤就嚴屬處罰。除了又打又罵，還把食物倒在地上，要兒子爬著吃，甚至要兒子學狗叫。

男童因受不了責罰而反抗，結果被罰得更屬害、打得更重。兒子受不了而多次逃家，學校也發現男童有情緒障礙，對同學有暴力傾向。社會局緊急安置男童，並申請保護令，不准父親接近男童。

日本曾發生一名 16 歲青少年（2006 年 6 月 20 日），對父親謊報成績後，因擔心東窗事發，於是縱火燒屋；結果燒死了繼母及兩名才 7 歲、5 歲的弟妹。少年的父親是醫師，非常在乎他的成績；父親深知日本升學競爭極其激烈，所以對兒子要求嚴格，而且經常體罰。少年每天放學後都要補習，晚上 10 點回到家後，還要被迫讀書至深夜；他早就心生不滿，多次萌生殺害父親的念頭。

不論希望孩子與父母一樣優秀，或希望孩子補償父母的不足，都得顧慮孩子的意願與能力。有些事是勉強不來的，結果往往得不償失，反而使孩子在自己有興趣及能力的部分，也得

不到發展。

🍪 三、孩子的基本需求未獲得滿足

　　馬斯洛的（Maslow）「需求層次論」指出，人類五個基本需求依次是：生理、安全、愛與隸屬、尊重、自我實現。在前一個需求未得到滿足前，難以提升到下一個需求層次，如「倉廩實而後知禮節，衣食足而後知榮辱」，就是這個道理。其實，這些需求是同時並存的，不一定有先後順序。每一個人都希望所有需求獲得滿足，小孩子亦然。

　　四、五年級生的父母，大多體驗過一段不算短的窮日子，所以較不怕窮。而且從前的父母，總會設法在物質缺乏中創造精神的富足；所以，即使是一張蔥油餅、一個饅頭夾蛋、一碗綠豆稀飯，從前的孩子在三種當中享有任一種，就覺得滿足得不得了。

　　而今的孩子一出生就過好日子，如果要過苦日子就較難適應。或因現今社會貧富差距加大，與富有的同學相比，也會不甘於貧窮。所以就算將蔥油餅、饅頭夾蛋、綠豆稀飯三樣全給孩子，他可能仍覺得不夠豐富。

　　若父母也調適不良，即會以貧窮為由，所謂「飯都吃不飽了，哪還顧得了那麼多」，而疏忽兒女的教育。然後再怨嘆因

窮得開朗及滿足

為沒錢補習，所以孩子課業不佳，考不上理想的學校。其實這並非必然的循環，如果父母能因此更踏實，鼓勵孩子為自己的夢想而努力；在孩子課業不懂時，主動尋求老師或同學的協助。所謂「人窮志不短」，只要自尊自重、自立自強，終能出頭天。

不論家境好壞，父母一定要關心孩子的各項需求。除了吃飽、穿暖、睡眠充足、適當的休閒娛樂等生理需求之外，是否能營造一個溫暖甜蜜的家，讓孩子喜歡待在家裡？是否看重孩子，努力培養起他的自尊心、自信心？是否不辭辛苦，陪伴他

一起追逐夢想？更為重要。

　　我常告訴學生，自己讀大學時，因為沒錢過活，所以要到處「找錢」，因而書讀得不錯（為了獎學金）、文章寫得還可以（為了論文比賽的獎金）、演辯能力尚可（還是為了獲得優勝的獎金），同學聽了好羨慕，嘆口氣說：「原來我不成功，就是因為我家還不夠窮！」

四、孩子先前犯的小錯，沒有適當的處理

　　父母由於疼愛孩子，有時看不出孩子的錯誤，輕易就忽略了它，甚至把犯錯的模樣當成可愛，或因錯誤還小覺得沒有關係。不料因此讓孩子誤以為某些犯錯無所謂，因而一犯再犯，等到問題形成時，通常已相當嚴重。

　　所以父母的愛要理性，要隨時注意孩子的言行；特別是其他人的感受與建議，更為客觀可信，如：老師或親朋好友。父母的身教對子女的言行及觀念影響極大，兒女有錯即反映父母有錯；所以父母應優先自我反省及改過，兒女的過錯才得以終止。但是大人基於面子，常不願面對自己的過錯；於是，小孩有樣學樣，也變得陽奉陰違。

　　適當的處理孩子的過錯，除了父母應自我反省、檢討家庭教育的缺失之外，也包括了解孩子犯錯的原因與心情，而且以

貧窮可以是奮鬥的動力

具體行動，協助他真正改過。讓他確實知道「不好的行為」為
什麼不能做，以及學習「好的行為」。但，如果只聽孩子口頭
說說，就相信他一定會改，而沒有「聽其言，觀其行」，認真
的觀察與事後追蹤，孩子仍可能重蹈覆轍。

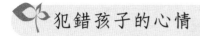犯錯孩子的心情

一、孩子犯錯後，最怕父母怎麼對待他呢？

1. 給孩子貼標籤

孩子不希望他以前犯過錯，就認為之後類似情境他也是頭號嫌疑犯。孩子希望父母查清楚，不能用前科犯的眼光看待他，覺得他還會犯錯。使孩子跟著擔心，自己會否一錯再錯，永遠擺脫不了犯錯的陰影。「人非聖賢，孰能無過，知過能改，善莫大焉！」大人也會犯錯，所以對孩子要既往不咎，相信他、幫助他、關心他、鼓勵他。另外，要減少對他的擔心與管束，慢慢放手，讓他學習自我管理。

2. 否定孩子的需求

父母不贊成的事，對孩子來說，可能恰好是他覺得最重要的事。父母愈反對，反而使孩子因為渴望得到，一旦找到機會時會更放縱自己。所以孩子希望父母給他一些空間及選擇權，讓他有時間做自己喜歡的事情，如：休閒活動或跟朋友聚會等。

129

3.對孩子的課業或行爲標準太高

許多父母喜歡拿手足之間，或與同學及親友的孩子相比較。常說：「別人都做得到，你也應該做得到。」一旦孩子真的做到了，父母又覺得是應該的。所以不管怎麼做，孩子都得不到父母的讚美。

● 二、孩子犯錯後，最希望父母怎麼對待他呢？

1. 知道父母仍是愛他的

即使孩子到了國中、高中、大學，仍然十分需要關心、疼愛及了解；希望父母願意花時間與他交談，欣賞他的優點，分擔他的心情起伏。所以父母可藉著各種自然的方式，表達對孩子的愛，如：煮東西給他吃，陪他一起做他想做的事。以具體行動，與孩子「愛的連線」。

2. 信任孩子的能力

有時孩子不知道要跟父母聊什麼，因為擔心父母不相信他說的話。他希望父母知道自己已經慢慢長大，不需要完全由父

母安排自己的時間及人生。希望父母能信任他的能力，讓他有機會安排自己的時間，包括：何時讀書、何時休閒。

孩子即使長大了，仍需父母關心

適當的正向管教

2006 年 12 月，《教育基本法》第八條修正條文公告，明定學校不得體罰學生：「學生之學習權、受教育權、身體自主權及人格發展權，國家應予保障，並使學生不受任何體罰，造成身心之侵害。」因此，教育部建議老師以「適當的正向管教措施」代替體罰，包含七項重點。我將它轉化為正向管教子女的七個方式，建議父母練習。因為，潮流所趨，父母也不應體罰孩子，還有許多更好、更持久有效的教育方法。

一、對孩子發揮同理心

與孩子溝通時，先以「同理心」技巧，讓他感覺到被了解，再給予指正、建議。例如：

當你的朋友找你打電玩時，你很難拒絕；但，如果用太多時間打電玩，你也知道會有問題。該怎麼辦呢？需要爸爸幫忙嗎？

二、讓孩子了解不能做「不好行為」的原因

清楚說明或引導孩子，討論不能做某件事的原因。當他沒

有或不再做該項行為時，儘快且明確地加以稱讚。例如：

> 想想看，你要如何安排時間與金錢？要花多少金錢、多
> 少時間在髮型上？
>
> 你以前的頭髮看起來比較沒有精神，但今天的髮型就很
> 清爽，看起來很有活力。

三、讓孩子了解要做「好行為」的原因

具體引導孩子做出某種良好行為，說明要做的原因或引導
孩子討論原因。當他表現出該行為時，儘快且明確地加以稱
讚。例如：

> 父母講話時，你不能任意插嘴。你知道「插嘴」有什麼
> 壞處嗎？相反地，如果大家都能專心聽別人說話，又有
> 什麼好處呢？

四、讓孩子充分了解好、壞行為的後果

利用討論、影片、故事或案例、書籍、經驗分享等，協助
孩子了解不同行為的後果（對自己或他人的正負向影響），因
而認同「能做」或「不能做」的理由，以協助孩子自我管理。
例如：

在日常生活中，觀察「打人的」與「被打的」雙方的反應及感受，我們再一起分享與討論，學習如何控制或表達憤怒的情緒。

五、鼓勵孩子自我抉擇

以「問句」啓發孩子思考行為的後果（對自己或對他人，短期與長期好處與壞處），以增加他的自我控制能力。給予孩子抉擇權，鼓勵他做出理性的決定。例如：

想想看，玩電玩的好處與壞處；如何做出對自己、對別人都較好的決定，並要自我負責。

六、對孩子先注意及讚美他的正向行為

注意孩子所做事情的多元面向，指正他的負向行為之前，先對正向行為給予稱讚，這樣可增加孩子對負向行為的改變動機。例如：

關於你大聲叫罵的這件事，我可以了解你的用意。但是你的方法不對，可能會傷害到別人，使別人討厭你，是不是可以換別的方法來表達你的關心或生氣？

七、讓孩子知道，是行為不好而非他整個人不好

針對不對的行為加以糾正，也要具體告訴孩子，是「某種行為不好或不對」，而不是「犯錯的人就不好」。例如：

你生氣時，容易出手打人。這樣對自己、對別人都不好；但我並不認為你整個人都不好，我知道你也會幫別人的忙。希望你發揮替別人著想、幫忙別人的優點，以後不要再打人了，好嗎？

孩子絕對不是魔鬼

Lesson 07

如何幫助孩子管理情緒？

~放學路~

迷你豬
協尋!!

電線杆
啜泣聲來源

「我媽媽真無聊，這麼計較分數！沒考高分我就不是好人
嗎？第一二志願的大學還不是教出了一堆敗德政客！……
唉！補習累到都出現有人在啜泣的幻聽了！」

現代孩子是「草莓族」、「水蜜桃族」嗎？

曾任職最高檢察署的黃姓檢察官，他就讀研究所的作家女兒，於 30 歲生日前夕，在學校宿舍上吊身亡。之前，他的女兒即曾以割腕、服安眠藥等方式企圖自殺，但因及時向校方求助而未釀成悲劇。女兒自殺的原因與憂鬱症纏身多年有關，而且她還在《野葡萄文學誌》開了「憂鬱症報告」專欄，真實表露被憂鬱症所困的身心狀態，包括自殘的過程。她說：

> 我能用憂鬱症的身分來寫，表示我已經脫離那種困境；
> 我藉由書寫的方式，讓自己不要重蹈覆轍。希望這樣的
> 寫作，不要被污衊化、妖魔化，也希望有這樣困境的朋
> 友，能夠得到共鳴。

然而，從黃姓檢察官之女的例子看來，她「高估」了自己，周遭人也「高估」了她。其實，她並未脫離憂鬱症以及自殘、自毀的困境。彭懷真（2005 年 4 月 8 日）說：

> 對大人來說，年輕孩子的挫折算不了什麼，不應該有激
> 烈的情緒反應。但別忘了，孩子根本普遍就是「心情欠

佳」。父母失和、功課不佳、同學排斥、失去愛情或友情等，固然是負面的刺激，影響情緒。卻還有更多長期的、隱藏的、難以啓齒、說不清楚的問題，讓孩子「心情惡劣」。……千萬不要高估學生承受壓力挫折的能耐，也千萬不要以「天將降大任」的心態操練孩子。

　　這也就是說，孩子容易受到外界環境及事件的影響，一旦受影響，心情的起伏會很大。尤其是「心情惡劣」的部分，可能變成長期的情緒困擾。父母不要高估孩子情緒管理的能力，以為不好的事情自然會淡忘或不在意，甚至奢望孩子靠自己的力量堅強一點。固然有些孩子挫敗後能再站起來，但不是每個孩子都有這樣的「能耐」，情緒管理仍是需要特別教導的事。

　　教育部曾委託台灣大學流行病研究所，調查青少年自殺現況（2005 年 4 月 9 日）。 11,833 名國小高年級至高職學生樣本中， 14.41% 曾有自殺意念， 3.04% 曾有自殺行為， 8.66% 罹患重鬱症。因此，衛生署委託台灣憂鬱症防治協會成立自殺防治中心， 2005 年 12 月 9 日正式開幕。由以上事實及數據可知，大人為了避免孩子走不出情緒的困境，還得多多努力。

　　現代社會自殺及重傷害事件頻傳，許多人遇到小事就抓狂，非要立即將情緒宣洩出來不可；結果不是毀了自己，就是展

開報復、置對方於死地，付出了極慘痛、無法承擔的代價，製造後悔莫及、無法彌補的後果。

　　然而，「當局者迷」、「鬼迷心竅」，能夠「清醒」而「得救」的比率並不高。所以，在教育上必須教導兒童及青少年增進心理抵抗力；因為，真正獲救的關鍵，是在事件尚未發生前所學到的應變觀念及行為。草莓、水蜜桃固然可愛，但是芭樂、椰子、榴槤更為耐摔。

怎樣的父母可以讓孩子快樂的活著？

不管學校有沒有教，父母一定要教

　　人際溝通、情緒管理、壓力紓解、分手處理等，這類「懸缺課程」（應重視而未重視），因為不用考試，所以學校往往「應教而未教」。可是這一代孩子因為經歷及磨練不足，較容易自我中心，對於挫敗難以接受。所以，比起學業成績，父母更應重視孩子的心情。考差了，可以接受現實或重考；生命消失了，就不能重來。看到不少明星高中、大學的學生自殺，不禁感慨，即使學業頂尖，又有什麼意義？

　　情緒管理與抗壓的「問題」，若未獲得解決，不僅影響孩子現在的心情與生活，更會在未來類似情境中產生負面的影響，變成一個忍受不了困難及不如意、喪失自信，鬥志，以及逃避、埋怨甚至自殺以求解脫的人，縱然擁有再高的學歷，人生也毀在自己手裡。父母應自問，這當中父母要付多少責任啊？

　　從小父母即應多予「機會教育」，多找時間與孩子接觸及談心，才能發現孩子的情緒問題，適時給予需要的協助及開導。千萬不可批判、說教，或以放棄的態度「落井下石」，「同理心」才是孩子最需要的支持。

　　尤其要小心，父母無意之間的言行（敷衍、嘲笑、諷刺、

貶低等），都可能對孩子造成負面效應。因為，大人看來沒什麼大不了的事，卻可能讓孩子心神不安、百思不解。如：仰慕某位異性、人際相處、升學抉擇、課業困難、對外表的不滿意等，孩子的困惑其實非常多。

父母要多閱讀相關書籍、多參與相關研習、多請教相關專家，才有「能力」指導孩子。實在無力幫助孩子時，要儘快將孩子「轉介」至專業機構，以免延誤「病情」。例如：憂鬱症、焦慮症、躁鬱症、強迫症等，大約在高中、大學之際發病，若能及早治療，不僅效果較好，也可避免無法收拾的悲劇。

父母平時的身教，是孩子「最有力」的情緒管理教材。父母平時的心情狀態，面對困境、處理危機的態度，都是孩子觀察、模仿的對象。

父母可以實施下列策略，幫助孩子更為樂觀、自信：

1. 加強鼓勵、讚美及欣賞孩子的功力：讓自己成為孩子的伯樂，放棄完美主義，給予孩子揮灑的空間。

2. 照顧孩子的身心需求：讓他有更好的外在及內涵，過程中要有耐心、不發脾氣、不說教。鼓勵孩子多行動、多嘗試，不怕失敗甚至歡迎失敗。

3. 以身作則，示範「耐心」及「恆心」：以耐心及恆心陪

伴孩子突破困境，逐步邁向成功（例如：課業、人際關係、兩性問題、自卑感等）。

4. 改變關心的方向：人生有許多比課業更重要的事，如：吃得健康、多運動、藝術活動、笑口常開、關懷別人、解決問題的能力等。不要「捨本逐末」，結果造成孩子雖成功卻不快樂的人生。

父母是否能笑口常開呢？

「樂觀自信」與「悲觀退縮」的對照

在《老鷹法則》一書（2007，如何出版社出版）中，將鴨子與老鷹做對比，老鷹代表「樂觀」、「自信」，鴨子則相反。我將之轉化為演講題目「鴨子變老鷹——讓孩子勞心勞力、自信樂觀」，因為，子曰：「愛之，能勿勞乎？」大人常過度保護，剝奪孩子學習「如何生存」及「活得更好」的機會。結果，讓孩子變成飛不起來、等別人餵食的鴨子。

有一次，我到一所小學演講這個題目，有位家長不同意我的想法。他認為，時代不同了，不能再拿從前的我們與現代生活條件較好的孩子相比。其實，孩子當「草莓」或「鴨子」，也沒什麼不好！

我想了一下，覺得這位家長說得也有理：因為，孩子不是自願成為草莓或鴨子的，為什麼不能多看草莓或鴨子「好的一面」？其實，許多大人自己也不夠堅強、不堪一擊，如何奢求孩子承受挫折、壓迫？所以公平的說法是：下列兩種對比的態度，我們通常會「選擇」哪一方？不同的選擇會造成什麼差異？而我們又會怎麼教導孩子？

一、「這我可做不到」或「我如何才能做得到」

不想做事的人會找藉口，不願將精力放在想出解決的方法。畢竟，把工作推掉比較簡單，承擔責任就要做很多，那多辛苦啊！「好逸惡勞」是人性的弱點，可惜天下沒有「不勞而獲」的事。若不想工作又要享受，只好暗地把自己的工作推給別人，藉著「剝削」別人來滿足自己。

這樣做，表面上占到便宜，實際卻只在推卸責任這部分的功力提升，其他則一無所獲。而且還會破壞團隊合作的和諧氣氛，使大家都擔心是否做了別人的事？

若能將焦點轉移至想辦法達成目標，就不會再對「要不要做」感到焦慮。這樣就能將問題視為自我的考驗，較能抱著「平常心」面對及處理當中的阻撓。如此，不但坦然及輕鬆，突破困境後，對自我也會產生更大的信心。這種信心會鼓舞我們，欣然迎接下一次的挑戰。別人逃之惟恐不及的困難，反而成為求之不得的自我訓練。你會這樣教導孩子嗎？

二、「不敢冒險」或「鼓起勇氣去做」

人們大都恐懼未知及失敗，但若一直留在「安全地帶」，固然不必承擔風險，也永遠沒有進步的機會。而且「不進則

145

退」，還會因故步自封、抗拒改變，很快就會遭到淘汰。

如果鼓起勇氣去做，也許發現並沒有想像中困難，可趁此克服內在恐懼。對於害怕的事物，在「平時」也許可以設法逃開；面臨生死關頭若不能克服，就只剩死路一條。所以逆向思考可知，「養兵千日，用在一時」，應多利用平時來練習面對及戰勝恐懼。

練習失敗，還有重來的機會。「書到用時方恨少」，真正危機來臨時，若沒有實力就只能坐以待斃。你會這樣教導孩子嗎？

三、「在每個機會裡找問題」或「在每個問題裡看見機會」

發現問題很容易，但若把精神都擺在問題上，只會流於空談。更糟的是，養成了挑剔別人的壞習慣後，不僅不願意付出，也不願意多學習。這類人因為怕暴露自己的不足，所以罵完後會趕緊躲起來，以免別人要他以行動來證明自己的「高論」。

若能不再責難別人，而「將心比心」並親身參與，則能了解「當家」的困難。若能視問題為轉機，不僅不怕問題，還能借力使力，從磨練中自我提升。

發現有問題時，重要的是就事論事、對症下藥，澈底解決問題，使自我及團體效能均得以提升。你會這樣教導孩子嗎？

🍪 四、「遇事激動」或「冷靜沉穩」

大多數人遇到小事就激動得不得了，喜歡在別人背後閒言閒語。這種人不管別人怎麼要他冷靜下來，他永遠就只會激動的辯駁，其實卻是無風起浪、無濟於事，甚至是「成事不足，敗事有餘」。

「謠言止於智者」，真正有智慧的人只談正面的事，否則就保持沉默。不會大驚小怪，能在電光火石的短暫片刻，很快的使自己冷靜下來，做出最正確的判斷。如此才能大事化小、小事化無，甚至化暴戾為祥和。

不要隨著別人的情緒或外在情境而起舞，要保持平常心，儘量從正面、能掌握的部分著手去做。你會這樣教導孩子嗎？

🍪 五、「遲疑不決」或「果決行事」

大多數人花很長時間做決定，結果因顧慮太多而綁手綁腳。做事只有三分鐘熱度，容易自我懷疑、急功近利。因為沒有恆心及毅力，通常只是白費時間，沒有什麼斬獲。

有自信的人不同，他清楚自己的目標，所有行動都朝著目

標前進。即使失敗，也當做成功必經的一站，所以欣然接受任何後果，並能立刻改進，不會浪費時間在胡思亂想、自怨自艾上。

有自信的人行事果決、堅定，只管行動、不怕打擊，也不在意何時會達成目標。你會這樣教導孩子嗎？

🍪 六、「等待與依賴」或「懂得負責，只取所需」

鴨子與老鷹最大的不同在於，鴨子等人餵食，如果飼料不夠，牠會大聲叫；也因為依賴別人，只能活在一方池塘裡，哪兒也不敢去，因為失去靠山就只有死路一條。久而久之，把保障視為理所當然，不再想自己能多做什麼以改變現狀。老鷹則須靠自己覓食，因此能飛得更高、更遠、更快，也得以到處遨遊。

若不精進謀生技巧，則無法順利過活；所以**要不斷自我督促、喜歡學習，主動謀求自我改善**。你會這樣教導孩子嗎？

其實上述的對照並非那麼清楚，許多人其實是鴨子，卻自以為是老鷹。父母在指導孩子抉擇人生態度時，要先自問：我比較像鴨子或是老鷹？否則若以鴨子的態度，卻要孩子變成老鷹，這是不可能的。

父母自己是鴨子還是老鷹？

如何培養「樂觀」、「堅韌」的性格？

悲觀是習得的，樂觀亦然。痛苦的人沒有悲觀的權利，樂觀的人更有責任「散播歡樂散播愛」。下列方法，可使孩子更加樂觀及堅韌。

一、「以人為鏡」、「借鏡練心」

父母平時可以將新聞事件或他人的經驗當例子，帶領孩子討論及演練，訓練孩子面對這些事件時應有的認知、判斷與行動。一旦遇到真實情境時，才有「正確反應」的機會。所需的訓練包括：

1. 情緒控制：理性、冷靜、多思考，小不忍則亂大謀。
2. 獨立判斷：有主見，不人云亦云，能選擇及接受「成熟者」的意見。
3. 求助：尋求「有效的」協助，包括請「適當的人」出面或陪同一起處理。

二、行為塑造法

要培養孩子具有春風般，有活力又令人舒服的外在形象，

必得養成下列好習慣，才能形成樂觀、堅韌的性格：

1. 表情儀態：熱情、微笑、眼神交流、臉部表情豐富、
   肢體語言生動、與人適度的身體距離與接觸。
2. 語音聲調：聲音明亮、咬字清晰、音調富於變化、親
   切、有耐心、輕聲細語、尊重商量、富於熱忱（有精
   神）。

幫助孩子將成功與自信，形成良性循環。加強自己的行動力，不空談、不懶散、不放棄。培養孩子的恆心，鼓勵孩子寫日記、閱讀、運動、學習樂器、讀英文等各種活動，持之以恆的進行，做為自我鍛鍊。若父母能示範或陪伴孩子，從事上述二、三項活動，成功率一定更高。

三、認知改變法

挑戰、質疑自己「不合理」的信念系統，轉變為下列思考模式：

1. 積極、正向、多元的思考。
2. 學習「愚公」精神，相信山不會變高，但「子子孫孫
   無窮盡也」，一定能將山移除。

與孩子一起學習樂器

3. 學習孟子所說「掘井」的態度，「掘井九仞，而不及
   泉」，不要輕易放棄，也許只差「一簣」；堅持多挖一
   個畚箕，就會成功。

4. 採取「策略式思考」，「條條大路通羅馬」，這條路不
   通就換一條，不必鑽入死胡同。

5. 採取「感恩式思考」，對於好事壞事一律感謝，相信都
   是上天最好的安排。

6. 學習幽默思考，把壞事想成好事，把苦事想成趣事。

7. 對失敗有正確的看法，不因此自貶或逃避。相信只要

增進實力、發揮所長，就能自我肯定、更加豁達。

自己要先成為積極樂觀的母親

如何培養「高度生活能力」
的孩子？

「兒子，上學前先讓我檢查有沒有
發燒？便當帶了沒？如果有同學
欺負你或覺得寂寞，可以打電話
給媽媽唷！」

看來沒
我的事了

天堂

溜ing~

「在那些事發生之前，可以先讓
我出門上學嗎？媽……」

生活大能力，你的孩子得幾分？

如果父母只注重課業成績，要孩子把時間都花在課業上，對於他的生活能力，卻不覺得急迫需要，也沒有時間讓孩子學習，後果會是如何？例如：把家事做好（至少會整理自己的房間及衣物）、與人交往與合作、處理失敗與挫折、自我管理與自我負責、自我表達與建立自信心等，這些事情的重要性，真比不上課業成績嗎？

以做家事而言，不少孩子欠缺學習的機會，例如：

◎都交由外傭或保母整理，認為家事是外傭或保母的工作。

◎因為媽媽是家庭主婦，所以家務是她的工作。

◎爺爺奶奶太疼愛孫子，以致凡事代勞。

◎捨不得孩子吃苦，覺得孩子不必打掃，包括拒絕學校與班級分配的整潔工作。

◎覺得孩子只要專心讀書就夠了，不需浪費時間做家事。

◎當孩子偷懶不做時，父母也未堅持，結果不了了之。

◎覺得孩子做得不好或有危險，不做反而少麻煩。

◎因為父母本身善於打理家務，所以子女無需動手。

◎因為父母自己不擅於整理家務，所以孩子沒有模仿學

　習的機會。

父母能示範如何整理房間嗎？

　　其他的生活能力，若父母也不覺得重要或不能以身作則，

孩子就會欠缺那部分的生活能力。於是就會看到下列現象：

◎自己吃完的碗盤不清洗，或垃圾不清理，隨意丟在桌

　上或堆在洗碗槽裡，結果滋生螞蟻、蟑螂……。

◎自己的書桌及房間愈來愈紊亂，不知如何整理。結果

常找不到東西，浪費時間又耽誤事情。

◎常常哭鬧、無理取鬧，很難理性、冷靜的處理問題。

◎對人冷漠或不假辭色，不會主動也不習慣與人打交道；經常產生不易與人合作的困擾。

◎遇到困難就逃避，不肯承擔責任。

◎上學遲到、蹺課，不能自治。

◎不能忍受拒絕，任何想要的東西就非得到不可。

◎脾氣大、易怒，易與人發生衝突。

◎沒有自信及主見，不知道自己的優勢能力何在。

◎不關心家人，不參與家庭活動，與家人疏離。

孩子年紀小，加強「生活能力」較為容易；等到長大出現上述狀況時，要補救就相當困難。上述現象在外人看來，表示家庭教育失敗了。

《商業周刊》曾發表一份「生活大能力，你的孩子得幾分？」的問卷，對象是 6 歲至 12 歲孩子的父母，共 24 題。計分方式為：「完全做到」得 2 分，「有時做到」得 1 分，「完全做不到」得 0 分。

檢測結果：

37 分以上：代表你不會太寵愛孩子，你的孩子已具備很好的社會化能力，能應付變遷快速的社會。

36 ～ 25 分：代表你有一點寵愛孩子，現在你要幫助他建立較欠缺的能力。

24 ～ 12 分：表示你蠻寵愛孩子，有時過度保護，有時又太放任，阻礙他發展相關能力的意願與標準。

11 分以下：你已經過度寵愛孩子，使他無法建立許多能力，你應該要檢視他欠缺這些能力的原因。

　　我將該問卷的 24 題分成四類，即人際關係、挫折忍受及抗壓、自我管理及自我負責、自我肯定及自信心，便於父母清楚孩子各類行為的狀況。更重要的是，客觀評量之後，如發現孩子某些狀況欠佳，要趕緊反省原因並及時改善。若孩子還小，可將這四類生活能力當做家庭教育的長期功課。

 人際關係

🍪 一、借東西前，會先向物主說一聲

「不告而取謂之偷」，取用任何東西之前，即使是自己的家人，也要徵得父母兄姐的同意。否則日後可能養成壞習慣，看到想要的東西就拿；因隨便取用同學或別人的東西，而造成對方的困擾，甚至會被誤會為偷竊。

🍪 二、會時常關心家庭其他成員

德蕾莎修女說：「愛的相反不是恨，而是漠不關心。」人際相處除了希望得到別人的關心、協助，感受到人情的溫暖之外，也要能注意別人的需求，給予別人關心與協助。沒有同理心的人，會成為一個自我中心、貪得無厭的人。只注意到別人不夠關心我，別人對我再好也不滿足，卻不能相對的關心別人，給別人溫暖。

家族之間要有固定的聚會，互相關心

三、客人來家裡，會分享所有物品、玩具，或給大家留愛吃的東西

　　要教導孩子與小客人分享自己的玩具或其他物品，不能讓別人在旁邊眼睜睜看著你玩，還嘲諷說：「要玩不會自己去買？」遇到好吃的東西，不要貪心的獨自享受或吃光光，要想到與人共享或預留給別人。從前我帶孩子去探望馥茗恩師，恩師要孩子自己去冰箱拿飲料喝時，一定會提醒孩子：「先問你爸媽要喝什麼？幫爸媽拿了，再拿自己的。」恩師也教導孩

子，看到有好吃的東西，若父母在場，要先請父母吃；若父母不在場，則要留一份給父母。這樣才能去掉孩子自私自利、有我無人的心理。

四、能自然的對別人打招呼，如鄰居、管理員

打招呼是基本禮貌，是人際互動的開始。但在公寓、社區式的住宅型態裡，雖然與鄰居的距離很近，卻多半相應不理，甚至完全不打招呼。依此類推，工作場合也有此種現象，造成不少尷尬。例如：看見不太熟悉的同事迎面而來，不知該不該點頭、微笑；與同事共乘電梯，不知道該談些什麼。所以，雖然要教導孩子提防危險的陌生人，但卻不應對常見面的鄰居、管理員視而不見，而應自然親切的鞠躬、問候。

五、被指出錯誤時，會反省，會思考別人的勸告，而不是只有「我對」

現代人較有自我主張，對於別人的指責較難平心靜氣的接受。的確，受到批評會覺得不太舒服；但若完全抗拒或駁斥，只會使自己的盲點更多。盲點來自於自我封閉、不肯反省，以為自己不會犯錯；別人以後也不想多費唇舌，所以錯誤會一再重演。有些小孩只聽父母的，對其他長輩的意見或建議常充耳

不聞。所以，國人只好「自掃門前雪，莫管他人瓦上霜」，任由一些小孩「旁若無人」的為所欲為。

六、當父母稱讚別的孩子，也能學習欣賞別人

有些孩子不允許父母誇獎別人的小孩，以為只有自己最好，容易嫉妒別人；有些父母只誇獎自己的小孩，對於別人的小孩則看不上眼。這就會養成孩子唯我獨尊、有我無人的壞習慣，不易與人合作。遇到自己不足或不懂的地方，也不肯虛心求教。

七、知道父母為他做的一切，不是理所當然的，會表達感謝

一個懂得感恩、能表達感謝的孩子，才會真正的快樂；因為他不會以為別人的付出是應該的，對別人的辛苦或關愛不會感到「麻木」。也因此，別人更願意為他付出，雙方形成良性的互動。可惜，社會上不少人，不僅看不到別人的好心好意，而且還曲解、誤會，讓人覺得「心寒」。既然「好人難當」，何必吃力不討好？所以人際之間更加冷淡。

每年父親節、母親節及生日，兒女都會送禮物及卡片，讓做父母的我們覺得安慰！我的兒女是懂得感恩的。

女兒親手所畫的父親卡（正面）

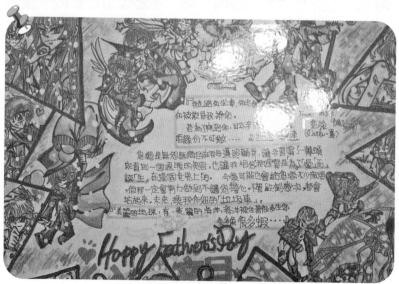

女兒親手所畫的父親卡（反面）

八、容易親近，大方和善，或樂於與人合作

教導孩子成為自然、真誠、自信、善良、開朗、隨和的人，能信任別人，樂於開放自己、融入別人，與大家一起行動，為團體貢獻心力。有些家長卻要孩子不能跟某些同學互動，擔心他們把自己的孩子帶壞。父母教孩子選擇朋友固然是對的，若因此局限了交友範圍，甚至變成孤芳自賞：不僅孩子會覺得寂寞，也造成日後與人共同工作的阻礙，因為上司、同事、顧客是不能選擇的。

挫折忍受及抗壓

一、受挫或被拒絕時，不會一直吵鬧或與父母交換條件

當孩子想要什麼，父母不探究是否需要就輕易答應，可能會演變成子女「操縱」與「對抗」父母的方式，以無理取鬧或交換條件，來滿足自己的慾望。不僅不接受父母的拒絕，對於想要的東西會更加堅決、非得到不可。父母若為「息事寧人」而對子女投降，就形成了「負增強」，兒女就會採取愈來愈激烈或投機取巧的手段滿足所需。

二、很想要超市、百貨公司的某樣東西，未經同意，能等待或放棄

針對前一個問題，較正確的做法是：父母對兒女想要的東西，要思考有否必要。必要才同意，否則即堅定拒絕或等真正需要才購買。孩子則必須等待父母同意，若不同意，則要接受父母不同意的理由，等到適當時機再買或者放棄。「等待」能讓孩子學習「延緩滿足」，「放棄」則是學習「忍受挫折」。

⬤ 三、生氣適可而止，能說出為何生氣

　　情緒是天生的，不能壓抑但要調節；許多人即因為情緒失控，而傷害自己、攻擊別人。所以，孩子的怒氣也不應壓抑，而要指導他表達出來。清楚自己為什麼生氣，而不是「亂發脾氣」；練習紓解怒氣適當的方式，而不要「生悶氣」或「嘔氣」；可以表達或宣洩怒氣，但不能以言語或行為傷害別人。

⬤ 四、在大熱天，雖會煩躁、抱怨，也能去做該做的事

　　天氣熱確實會讓人心煩氣躁，但不能做為不耐煩、鬧脾氣的藉口，反而要設法改變心境，以避免情緒更壞。從前物質條件較差，電風扇是奢侈品，父母會鼓勵我們「心靜自然涼」，或者洗把臉、沖個冷水澡、樹下吹吹風來消暑。而今「由奢返儉難」，小孩吹慣了冷氣，天氣稍熱就直呼受不了。所以，現代父母也可以學習上一代的做法，天熱時先讓孩子設法自行解決，不要立刻就開冷氣，以免孩子習慣窩在冷氣房裡，懶洋洋的什麼事也不做。

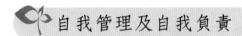

自我管理及自我負責

一、大部分時間，能自己整理書包、準備上學用品

　　欠缺生活能力最明顯的就屬此項，不少孩子不會整理自己的書包，上學用品都由父母代為打理；自己什麼都不記得、不清楚，少帶什麼也都是父母的錯。因為不會收拾自己的玩具、用品，所以不論家裡的書桌或學校的課桌椅，都是一團亂。這部分的學習一定得靠父母耐心教導、親自示範與監督，直到孩子養成好習慣為止。

二、可以遵守規定、約定打電動或看電視時間，或上床睡覺時間

　　孩子多半喜歡看電視，玩電腦遊戲，若不予以制止，可能玩得廢寢忘食；若完全禁止，孩子又會受不了。所以必須與孩子商量看電視及電腦遊戲的時間，並需遵守規則，以免影響學業及睡眠。有些小孩常先答應父母的要求，屆時又不守信用，這就是不能自我負責。若能不需監督，自我管理看電視及電腦遊戲的時間，才是值得信任的人。

🍪 三、需要做決定時，知道自己要什麼，不會不知所措

　　缺乏生活能力的孩子，往往是被剝奪做決定機會的孩子。凡事都由父母代做決定，結果遇到真正與自己有關的大事，例如：選擇就讀的學校或科系，雖然不喜歡父母代為決定，但到頭來仍需依賴父母；因為不知道自己真正的需求。父母不應以培養「聽話的乖孩子」為教育目標，結果使孩子茫茫然、無所適從。

🍪 四、分配到的打掃、洗碗等家事或功課，大多能負責

　　許多父母抱怨孩子懶惰，不肯幫忙做家事；在功課方面更是被動，好像為父母而讀書。的確，就因父母認為家事是請孩子「幫忙」，所以孩子不認為應該共同分擔。反正父母會「叫他去做」功課，所以功課也不是自己份內的事。父母若要孩子對家事和功課能夠自我負責，就要先改變自己的觀念與做法，才能讓孩子明白自己的責任所在，不再推拖。

🍪 五、在零用錢的額度內適當使用，不超支、不預支

　　月光族或卡債族，是目前年輕人理財令人憂心的地方。年輕人常不到月底就把錢花光光，總在寅吃卯糧或青黃不接中度

過，更別談什麼積蓄。但這多半是父母過度寵愛孩子所造成，父母把自己變成提款機，讓孩子永遠不必擔心沒錢，甚至大學畢業後，仍繼續享用父母的無限量供應。錢來得容易，自食其力的條件就愈來愈差；萬一哪天父母沒錢了，馬上就如骨牌效應——全倒。父母愛孩子、捨不得孩子吃苦，更應該為孩子真正的幸福著想。若不教孩子如何使用金錢，學會預算、節約與儲蓄，就等於剝奪了他生存的能力。

六、喜歡動手幫忙做家事，不懶散

有些孩子由於家境富裕或父母過於呵護，以致從來沒有分擔或訓練做家事。一旦做事時，就顯得笨手笨腳或很愛抱怨。這會造成孩子在學校或工作上，與他人合作時的困擾。所以，「愛之，能勿勞乎？」多讓孩子動手做事，培養做事的能力吧！否則因「嬌生慣養」而跟不上別人，被人嘲笑甚至遭到淘汰時，他就會怨恨你了。

一定要分配家事給孩子

🍪七、做錯事不會一直說是別人的錯，而會想下次怎麼做更好

「人非聖賢，孰能無過」、「過則勿憚改」、「不貴無過，貴能改過」，這些都是做錯事時的正確態度。要謙虛、反省、不諉過，才可能改過遷善、精益求精；反之，若把精力都用來說別人的錯，到頭來「聰明反被聰明誤」、「不進則退」、「一事無成」。

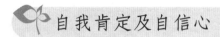

自我肯定及自信心

一、清楚表達想法或需要，不需父母猜測、詢問半天

及早訓練孩子清楚表達自己的想法與需要，否則惡性循環之下，將愈來愈不清楚自己要什麼，或不敢說出自己的需求。國人較喜歡聽話的小孩，不喜歡孩子的想法與父母不一致。於是，孩子只好自欺欺人以求自保，說話言不由衷，行為表裡不一。

二、遇到問題，自己想辦法解決，不會馬上喊父母來協助

國人因為太關切孩子的前途，所以喜歡指揮孩子的行動，使孩子因而離不開父母，一離開彷彿沒了手腳、寸步難行；甚至長大了，還唯母命是從，沒有獨立判斷的能力。但，太多狀況父母無法插手，須由孩子自己想辦法解決。所以，父母該逐漸放手，即使知道孩子有問題，甚至向父母求助，都應忍住幫忙的衝動，鼓勵他試著自己解決。

● 三、在家與在校的態度、表現一樣

有些孩子為了在學校表現「好學生」的樣子，所以老師看得見的地方，都循規蹈矩、熱心助人、有禮貌；可是在家中卻判若兩人，不聽話、懶散、沒大沒小。為什麼人前人後兩個樣？父母就需檢討，是否給孩子錯誤的觀念，認為值得表現的時候才表現，否則就不需認真。這樣功利的想法，造成孩子虛假、勢利，只在「重要時刻」、「重要他人」表現好形象，其他時候卻完全相反。從小就帶著「面具」過日子，不懂「真誠」的價值。

● 四、喜歡自己、欣賞自己、肯定自己是有自信的人

每一個人都有特長，不必盲目與人競爭，不必自感高人一等或自慚形穢；也不必等待別人的肯定、欣賞，才認為自己是好的。要能在任何情況下，都認知到自己活著的價值。馥茗恩師常說：「重要的不是你的地位，而是你的貢獻。」

● 五、不會一直比較物質的貴賤，或覺得高人一等

物質慾望是無底洞，若要與人比較，則會因想要贏過別人而沒有滿足的一天。不論為環保、簡約、節儉等任何理由，都

要儘可能不讓孩子活在物質環境的「高標」當中，否則日後標準下降時，就會自覺不幸；比不過別人時，甚至會覺得無法立足。如此嬌貴，豈不悲哀！

Lesson 09

藉由閱讀，及早培養孩子寫作與表達能力

「哇！原來愛因斯坦說過：『想像力比知識重要』，那愛做夢就不是一件壞事囉！」

in 圖書館～

我重視子女的「閱讀」嗎？

以下十題，請你依自己做到的程度評分，每題最高 10 分。依此即可預測你的孩子在閱讀、寫作及表達方面的發展潛力，你的分數愈高，孩子的潛力愈大。

（　）1. 從孩子小學開始，我就非常重視學校建議的「閱讀書單」，會儘量買或借給孩子看，並以行動支持學校各項推動閱讀的活動。

（　）2. 從孩子小學開始，我就至少每月一次帶孩子到社區圖書館或其他圖書館，鼓勵他看書並協助他借書。

（　）3. 從孩子小學開始，我就帶孩子去書店買書，並有足夠的預算讓孩子挑選想買的書。

（　）4. 從孩子小學開始，我就鼓勵孩子多看各類課外讀物。而且，我也會和孩子一起看他喜歡的書籍，了解他為什麼喜歡，包括漫畫。

（　）5. 從孩子小學開始，我就引導他拓展興趣，多閱讀各類好書，而且「有系統」、「長期」的幫他挑選適合他看的好書。

（　）6. 從孩子小學開始，我就肯定課外讀物的正面功能，其重要性不亞於教科書，甚至超越教科書。

（　）7. 從孩子小學開始，我就與孩子共讀，包括共同討論。家人間彷彿開讀書會，經常討論每人最近所讀的好書。

（　）8. 從孩子小學開始，我就幫孩子準備屬於他個人的讀書空間，包括書桌、書架等。孩子擁有自己的藏書，懂得如何整理圖書。

（　）9. 為了培養孩子閱讀的習慣，家裡到處都看得到書（藏書及常買的新書），父母都是愛看書的典範。

（　）10. 父母能組成或參加讀書會，並鼓勵孩子與同學組成或參加讀書會。

總分：＿＿＿＿＿＿＿＿＿＿

如果 80 分以上，恭喜你，你與孩子均已活在快樂的閱讀世界中。

如果超過 60 分，表示很有潛力，你與孩子已邁向快樂的閱讀世界，快到目標囉！

如果低於 60 分，為了你的孩子，請設法先讓自己愛上閱讀喔！

閱讀教育，愈早開始愈好

在《史賓塞的快樂教育》一書中，史賓塞認為，閱讀教育愈早開始愈好。方法如下：

1. 嬰幼兒時期可以唸書給他聽，以代替他自己閱讀，而且效果更好。

2. 堅持孩子每天在同一時間，讀上 15 分鐘的書。

3. 讓孩子看見父母在津津有味的看書，因為，孩子很會模仿。

4. 給孩子有個專屬的書架，讓他在自己的書上貼上標籤。

5. 謹慎幫孩子挑選書籍，因為，不是每一本書都是那麼有趣、有意義，而不至於浪費時間。

以我來說，除了買童書或套書讓孩子自行翻閱，講床邊故事或與孩子一同看繪本之外，對女兒的閱讀教育策略如下。

一、固定帶孩子去圖書館借書

女兒從幼稚園大班開始，我就帶她到住家附近的圖書館（中央圖書館新店分館、新店市立圖書館）借書。家裡每個人都辦了借書證，就可讓孩子盡情挑選想看的書。以新店市立圖

書館來說，一個市民可借十本書，我們一家四人，就可借四十本書。經我詢問，好像比其他鄉鎮圖書館，甚至比台北市立圖書館都還優厚！新店市立圖書館，讚！

　　父母要為孩子做的是，不管孩子借多少書、是不是看得完，都要高高興興的幫他「搬運」回家。要養成孩子閱讀的習慣，父母就得付出體力及時間，「有恆心的」陪孩子去借書，幫他來來回回的搬書。如果我們不帶女兒去、不幫她搬，她自己去不了、搬不動書時，就喪失接觸圖書館的機會與興趣了。「有恆心」，表現在「十年有成」，從女兒 5 歲開始，如今她已 16 歲了，我仍固定幫她從圖書館「搬書」來回。只不過圖書館不同了，已拓展至我任教的大學圖書館。

　　我自己很愛看書，平均每月至少看十本以上新書；較幸運的是，因為我在大學任教，所以有充裕的書源任我擷取。但根本原因是，我已養成閱讀的習慣，所以會固定借書、還書，幾十年來沒有間斷過，因此我的女兒才得以受惠。

　　女兒讀國中以後，新店市立圖書館的藏書漸不能滿足她。最近一次，我拿著她高中建議的新生閱讀書單，有關數學方面的參考書二、三十本，但新店市立圖書館卻一本也找不到。而大學圖書館的書籍，不論在數量、廣度及深度上，都超越鄉鎮圖書館許多；但，不是每位國民都有資格向大學圖書館借書。

看到新聞報導，全國 319 鄉鎮圖書館一年總共的購書經費，還不如一所台灣大學；聽了真令人感慨。

　　鄉鎮圖書館不能滿足孩子的閱讀興趣，以及父母希望有系統的擴充孩子的閱讀範疇時，該怎麼辦？所以，好公民要多讀書，突顯自己對閱讀的強烈需求；像芬蘭一樣，每位國民都大聲說自己「愛閱讀」，讓政府「必須」多投資在地方圖書館上。芬蘭的圖書館（包括許多「流動圖書館」）以及學校，對閱讀及寫作教育都十分重視，值得我國教育當局借鏡（詳參陳之華所著《沒有資優班，珍視每個孩子的芬蘭教育》一書，2008，木馬文化出版）。

　　賢明的父母固然可期待我國教育當局及民間組織（如：溫世仁文教基金會），能多些有識之士「落實」閱讀教育，而非只是教育部「五年十億」的推動閱讀計畫。因為五年後不僅錢花光了，更糟的是，因教育決策者重視的事情不同，政策可能無法持續。所以最安全的做法還是父母自發的閱讀教育行動，如：孩子學校的圖書館、私人圖書館、買書、向親友或同學借書、成立讀書會、好書交換等，設法開拓孩子的書源。

🍪 二、捨得為孩子買書

　　父母要捨得買書給孩子，以補充圖書館之不足。我喜歡購

買好書及新書，好書是為了典藏，而且可以盡情在書上畫重點、做記號；新書則為先睹為快，因為若都等圖書館買新書，往往要一兩年之後，實在等不及！

關於幫女兒購買課外讀物部分，她的小學非常重視閱讀，每個學期都提供家長一份包含五大學習領域的書單；這部分花錢「絕不手軟」，會立即將書單交給書店，請他們幫忙儘量蒐集。幸運的是，她的高年級導師梁老師，竟然自掏腰包將學校建議的書籍全部買來，放在班級圖書館，讓全班同學盡情閱讀。這樣的善舉，才稱得上真正重視閱讀教育，請大家為梁老師鼓掌！

建議家有中小學生的父母，也能協助班級導師完成此善舉，「集資」購買好書，成立班級圖書館，讓每個孩子都能接觸更多書香。昔日由同學各自「捐書」到班上的方式，結果帶來的多是家中淘汰的舊書，無法吸引孩子閱讀。建議教育當局能多補助想為學生「導讀」、帶領讀書會的導師班級圖書經費。

女兒想要購買任何課外讀物（包括漫畫），我們都尊重並滿足她的閱讀興趣，不會規定她只能讀哪些書。有些書我們可能不太贊成，也會先了解她為什麼喜歡，聽聽她的想法，絕不會禁止。即使面臨升學壓力，我們仍不以耽誤考試為由，減少

幫孩子購買學校建議的好書

她接觸課外讀物的時間。說起來，她看漫畫或圖書館借來的書的時間，比準備升學考試而讀教科書、參考書多了好幾倍。而且她從不補習，所以比其他孩子又多出許多閱讀課外書籍的時間。

🍪 三、父母與孩子都要成為「愛書人」

　　我從小就愛讀書，是天生個性還是後天的幸運？我想，是兩者在恰好的時機美麗的相遇吧！我跟一般小孩一樣，也喜歡泡在溪裡撈小魚、爬到樹上摘芭樂，在黑漆漆的夜裡追螢火蟲

（現代小孩聽了，一定很羨慕吧）。但當我偶然讀到一些圖畫書、神話故事、成語故事集、好兒童故事，甚至只是農民月刊中的四格漫畫或笑話時，就神迷不已，彷彿進入一個無比神奇的魔幻國度。一看書就忘了時間、忘了真實的世界，而難以自拔。有一段時間，我迷上漫畫

鈞怡有近千本成套的漫畫書

書，一有空就鑽進租書店。為了租書，四處翻找可賣的東西，甚至把家中還用得到的鍋子，偷偷拿去賣給收破銅爛鐵的。實在沒錢時，為了看書就到處去同學家借（往自己臉上貼金一下，覺得自己好像林肯喔）。

　　我一直很愛看書，可惜當時的觀念大都把課外讀物當「禁品」；師長不但不鼓勵，甚至還會沒收。還好我讀高雄女中時，學校在寒暑假會開書單要我們寫閱讀心得；更好的是，我的單親爸爸一直讚許我「手不釋卷」，讓我對「愛讀書」感到

自豪。讀大學時，我也以讀課外書的心情讀教科書，不局限於一本指定教材，而將同類型的所有書籍一起對照閱讀。例如：同時讀好幾位學者寫的《教育心理學》，看看他們對某個專有名詞是否有不同的解釋。如此讀書法，對於所學較易融會貫通，考試作答更為得心應手，所以年年拿獎學金。

當你抱怨孩子不喜歡看書時，先想想自己喜歡看書嗎？自己從書中獲得哪些樂趣？自己覺得閱讀到底有多重要？閱讀教育不僅是閱讀而已，還要知道孩子了解及體會到什麼？所以必須藉由親子共讀或類似家庭讀書會的方式，彼此分享閱讀心得。

要孩子讀書，大人先要讀書；要孩子愛讀書，大人先要示範讀書津津有味的樣子。

四、閱讀是長期的功夫，不必操之過急

要使孩子從閱讀中增長知能，大人就要協助孩子找到相關的書籍，再逐漸拓展及提升書籍的層面。這些不是一日之功，需要長期紮根、慢慢累積。

天下雜誌在《2007年教育特刊》中，邀請十位各行各業的菁英，各自推薦「一生要讀的十本好書」給大學生。父母或師長看到下列書單，不必急著要孩子去讀或讀完，這些只是參

要經常向圖書館借書給孩子讀

考，可一輩子慢慢閱讀。如果我們要鼓勵孩子閱讀，最好自己先閱讀或親子共讀。

李遠哲（前中研院長）

‧論語‧理想國‧物種原始‧國富論‧夢的解析‧第二性

‧東方主義‧居禮夫人傳‧ Bad Element ‧苦悶的象徵

南方朔（政論家）

‧昭明文選‧西塞羅：理想的演說家‧中世紀靈修文學選集

‧奧古斯丁懺悔錄‧孟子注疏‧道德情操論‧ Plato 柏拉圖

‧莎士比亞李爾王‧論自由及論代議政治‧成長的極限

黃春明（作家）

‧安徒生童話‧木偶奇遇記‧湯姆歷險記‧西遊記

‧狄金生詩集‧悲慘世界‧齊瓦哥醫生‧沈從文短篇小說集

‧契訶夫短篇小說集‧梵谷傳

曾志朗（前中研院副院長）

‧西遊記‧ The Daughter of Time ‧三國演義‧黃春明作品全集

‧福爾摩斯全集‧紅樓夢‧ The Call of the Wild

‧ The Grapes of Wrath ‧金庸武俠小說全集‧ Brave New World

蔣勳（美學家）

‧莊子‧舊約聖經‧希臘神話‧羅摩衍那‧易經‧史記

‧唐詩三百首‧新約聖經‧維摩詰經‧紅樓夢

蔡明介（聯發科技董事長）

‧孟子‧老子道德經‧莊子‧孫子兵法‧第五項修煉

‧杜拉克精選個人篇‧槍炮、病菌與鋼鐵‧科學革命的結構

杜書伍（聯強國際總裁）

‧自卑與超越‧第五項修煉‧自慢‧管理學的新世界

‧改造企業：再生策略的藍本‧氣的樂章‧問題背後的問題

何薇玲（創一投資董事長）

‧封神榜‧天龍八部‧所羅門王的指環‧ Pride and Prejudice

‧唐詩三百首‧孫子兵法‧將太的壽司‧第三種猩猩

‧ The Far Side Gallery: My Kind of Comic Cartoon

‧ 1000 Places to See Before You Die

黃達夫（和信醫院院長）

‧胡適文選‧百年思索‧別鬧了，費曼先生‧旁觀者

‧科學向腦看‧危險心靈‧福爾摩沙紀事‧講理就好

‧張忠謀自傳‧規範與對稱之美：楊振寧傳

殷允芃（天下雜誌發行人）

‧發現台灣‧莎士比亞全集‧張愛玲短篇小說集及流言

‧杜拉克談管理：管理的責任‧杜拉克談管理：管理的使命

‧杜拉克談管理：管理的實務‧四書‧唐詩宋詞‧三國演義

‧記得你是誰‧小王子‧一九八四

家中要有豐富的藏書

藉由閱讀，「及早」增進表達與寫作能力

閱讀對於培養表達與寫作能力有何幫助？有些家長會說：「送去作文補習班，不是可以更快增進表達與寫作能力嗎？」答案是：不一定。因為，若無內涵及文字的薰陶，單憑寫作技巧也寫不出真正的好文章。豐富的閱讀才是寫作的素材與靈感，才有模仿的楷模。

為什麼要「及早」？不必等孩子識字才開始閱讀，胎教開始就可以讀書給孩子聽；孩子出生以後，再繼續給予各種圖文刺激。這些最好都由父母親自操作，由光碟、錄影帶、錄音帶代勞的部分應儘量減少。研究發現，電視是單向接收，看多了智力會下降、視力會減退。但，不管研究結果如何，透過父母的眼睛、表情、口語傳遞的訊息，不但更豐富、更能吸引孩子；也能雙向互動，引導孩子思考與表達。而且，親子共讀還能增進親情與孩子的幸福感呢！

閱讀後，寫作與表達能力可以一起訓練；讓孩子先將讀後心得口述，再簡短的摘錄下來。這兩件事都需要長期薰陶，經常練習。單靠學校的說話課、作文課，或上課的發問及上台報告是不夠的。在家中或學校可以長期且經常進行的方法如下。

🎨 一、親子共讀

　　共讀之後要開「讀書會」（不用太正式啦），大家輪流說說書中自覺特別有趣的地方、最喜歡的地方，或哪些地方還不太了解等。誘導孩子多說，父母要習慣多聽。家庭讀書會進行時，最重要的原則是，親子要「平等」對談；父母要忍住想評論及說教的衝動，不要想主導；放鬆心情「諦聽」孩子的心靈。

釣怡有個共讀漫畫的好爸爸

二、讀故事、說故事

　　大多數小孩都喜歡世界各國的童話故事，但我更幸運，小學時為了讓班上同學不要吵鬧（忘了吵鬧的確切原因了），我經常上台說故事給全班聽：而且一講就很久，久到必須「自由創作」的地步（因為我知道的故事都已經說完了）。一定要快點閱讀以補充新題材，才足以應付明天的「考驗」。

三、參加演講比賽、作文比賽、投稿

　　因為小學上台說故事的經驗，所以我比較不怕上台，也敢參加演講比賽。依此類推，也參加了性質類似的作文比賽或投稿，均算小有成績。讀大學時，演講比賽更讓我大豐收。因為社團指導老師及學長姐的「指導有方」，所以我常代表學校出賽且均獲佳績。參加演講比賽的好處很多喔！除了不再怯場，能在台上侃侃而談，觀摩到許多選手的精湛演出之外（例如：沈春華、潘維剛、蘇蘭），還贏得很多獎金！而且，因為練習寫演講稿而學會寫作，讓我今天得以將演講及寫作，變成我的「專長」以增加收入、不怕失業，更可和許多志同道合者交流心聲。

🍪 四、寫日記

　　從前的父母很鼓勵孩子寫日記，不只為了交給學校的作業，更是跟自己的交流。將心事在日記中抒發，或為了「吾日三省吾身」，等將來成為偉人、寫回憶錄時，才有素材可供參考。當時，「日記簿」是暢銷商品，各式各樣、任君挑選。而今這項傳統商品有復甦之必要，不是為了聯考作文得高分，而是為了有個可練習寫作的園地。

🍪 五、寫作文

　　如果等待學校每學期「不確定」寫幾篇作文，或依賴國文老師的作文批改，「沒把握」孩子的寫作技巧可以得到改善，這時倒不如由父母自己指導孩子寫作文，找個好看的本子或以稿紙裝訂成冊當作文簿。在小學中低年級階段，隔週寫個 300 字即可，高年級時可增至 500 字，國中時 600 ～ 1200 字；題目可由父母與孩子輪流出，最後由父母來評分及獎勵。父母不必在意自己的文筆夠不夠好，從幫孩子找錯別字開始，逐漸擴及如何分段、注意文字的流暢性、文意等，慢慢改善，藉此父母也可「教學相長」。如不確定孩子是否寫錯字，除了字典、辭典外，還可參考教育部發行的《常用國字標準字體筆順手冊》

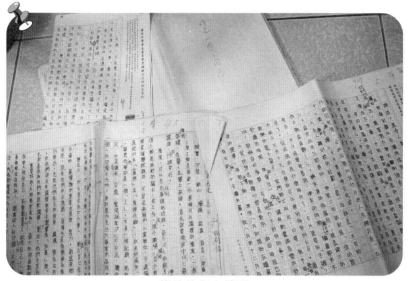

鈞怡的作文練習

（教育部合作社有售）。

　　其他如：訂閱兒童報刊，鼓勵孩子參加相關社團或研習營等，都是有效的做法。閱讀兒童報刊雖是傳統方法，但長期訂閱之下，孩子的寫作能力必有斬獲。鼓勵孩子參加說話或寫作等相關社團，不論是學校或外面相關機構所辦的營隊。讓孩子及早接觸演講、辯論、寫作、說唱藝術等課程，這些是父母無力規劃、實施，卻十分重要的學習。

單親爸爸的動人關懷

in 客廳～

父：「兒子！就只知道看電視，快去讀書！！……哈哈！這節目好好看！」

HaHa!

拍！拍！別氣！

兒子（心裡 OS）：
「為什麼我要聽一個『沙發馬鈴薯』（Couch Potato）的命令……」

單親家庭一樣可以健全成長

我一直知道我的單親爸爸很了不起，但是，透過別人的眼睛更明白，我的爸爸真偉大。從他寫給我的「家書」這一點來看，數量之多、內容之豐富，全天下就沒有幾個爸爸做得到。

現代社會通訊科技發達，人際聯絡已達「天涯若比鄰」、「隨傳隨到」的地步。然而兒女離家讀大學之後，親子間能一星期通一、二次電話，仍屬十分難得。在 1977 年，我從高雄到台北的台灣師範大學讀書，我的單親爸爸只能藉一星期往返一次的書信，表達遠距離的父愛。但他不厭其煩、不辭辛勞，幾乎每週都有一、二封信，而且用情至深，關懷無微不至；盡職與感人的程度，應該可以「叫伊第一名」（台語）。

我能夠健全成長，得之於爸爸下列的付出。

付出之一：數十年如一日的父愛

讀大學第一個月──10 月，父親就有八封來信。一般人以為，因為剛開始不放心兒女遠行，之後信件必會減少。好！就從我大學四年家書中「隨機取樣」，看看父愛是否為「三分鐘熱度」？

裝訂成冊的
「國立師大四年家書」

1978 年 12 月：五封。

1979 年 4 月：四封。

1980 年 10 月：六封。

1981 年 5 月，我即將大學畢
業的那個月，仍有六封家
書。

　　大學四年，爸爸每個月至
少寫五封信給我。每年以十個
月計算，至少五十封家書，四
年就有二百封。

　　爸爸十分有遠見，在第一
封家書信末即附註：「以後寫
去的信要保存起來，寒假時帶回來。」我哪知道爸爸的用意，
原來他是要幫我保存裝訂；結果，厚厚的一本「國立師大四年
家書」，就成了我的「無價之寶」。

付出之二：無微不至的關懷與開導

剛讀大學時，因為初次離家又南北相隔，不免感到寂寞；一點點小事，就會觸動我脆弱的心靈。爸爸發現我的孤單，就來信說：

「寂寞」是消極者的代名詞，一個有理想、抱負、目標的人，只有樂觀、奮鬥、積極、向上、忙碌再忙碌，不知寂寞為何物。一個閒散、懶惰、不求上進、回憶過去，對生活無適當安排，對時間不知運用的人，無所事事，才會感到寂寞。

這封信是大妹淑慧代筆。並非爸爸不願意親自提筆，而是藉著「口述」，既可讓妹妹了解父親的心聲，也藉此聯絡手足親情（還可順便讓妹妹練習寫字及作文），一舉多得。所以爸爸在給我的家書中，常見弟妹的代筆。

爸爸雖然關心、疼愛我，但絕不偏袒、溺愛。當我說：「有部分同學不理我」，爸爸說：

部分同學不理你，不要放在心上，因為相處時間短，大家還互不了解，你只要做到時時笑臉迎人、和藹、謙虛、誠懇，多幫助人、同情人，儘量發現對方的優點，讚美他，

向他學習，友誼自然會向你招手。千萬記住，不可孤芳自賞、自命不凡，那將陷入孤立無援，精神受到封鎖。

當我說：「不高興同學選我當總務股長，保管經費很麻煩、怕掉錢」，爸爸說：

同學推你保管經費，是對你的人格及信用投票，以此機會為同學服務是項榮譽，也可藉此認識更多朋友，應該高興才對。管錢的方法很簡單，把錢存入學校郵局，不要放在身上以免遺失，存摺鎖入衣櫥或箱子裡。另外設一本明細帳，收支隨時記載，並向同學公布。支出應經大家同意，不可自作主張，要確實做到「廉潔」二字。

付出之三：以孩子的成長與未來為己任

當時除了我北上讀大學，要父親「遠距離關心」外：家裡還有三個弟妹──一個五專生及兩個國中生，各有不同的問題需要費心。但是不管兒女的狀況多糟，他絕不灰心、放棄，總是看孩子的優點，給予更多的鼓勵，爸爸說：

你弟弟放學不按時回來，星期六下午和星期天常看不到他，使我東問西問、擔心不已。讀書也不用心，我最擔心的就是他。請你能寫信多勸導他、鼓勵他，督促他上

進，使他對讀書發生興趣，那我就安心些。不過他最近
國文似有進步，也知道「孝順」；我生日那天，他向同
學借錢買了一副老花眼鏡送我。他喜歡集郵、運動，對
人有同情心，這些都是我感到安慰的地方。所以你不要
來信責罵他，我希望你多鼓勵他就行啦！

大妹進步很快，每天讀到晚上十二點，催她也不睡，她
是我最大的幫手。小妹雖聰明，用功卻不夠；如果她能
像你那樣，將來會考取最好的學校。現在我天天在你們
四個身上用心，別無他念。

付出之四：與子女無所不談、毫不隱瞞

父親對我們毫不隱瞞，包括自己的孤單寂寞，他在信上
說：

我爲什麼會失眠？爲什麼會寂寞？因爲想得多、空閒時
間太多。人老了，生活圈子、交際圈子都小了，缺乏吐
露心事的對象，所以自說自話、苦悶在心頭，感到特別
的寂寞，有時會使我發狂。除了四個孝順而上進的孩
子，是我的精神支柱、希望的火花之外，我一無所有。
但我怕死，因爲還有許多責任未了，因此我要苦中作
樂，爬山、運動之外，最近我喜歡讀四書、剪報紙、種

花、做家事，這樣也好度日。

爸爸也不避諱自己的失敗，他說：

我的一生，生於戰亂，處於憂患，失敗的多，成功的太少。年華半百，身不修，家不齊，為生活而忙碌，對國家、社會、人類毫無貢獻，非我不為也，乃時不我與也。但願你們姊弟妹不要像我吧！努力讀書，奮發向上，開創你們幸福的人生。

從我小學二、三年級，母親離家出走起，歷經家庭貧困、父親多病、繼母進門等，這些處境父親都真實的與我們四個兒女分擔。包括他無力撫養兒女，可能將其中一二人送給別人，或分給已再婚的母親照顧等，都一一跟我們商量，尤其是常跟排行老大的我討論。雖然當時我才國小、國中，實在懂不了這麼多；但仍高興知道事情的真相，很驕傲能與父親一起克服困境。而且父親從未在我們面前「毀損」生母的名譽，或「宣洩」自己的恨意；這可能就是今天我不怨恨母親，而且覺得心裡坦然的原因吧！

付出之五：讚美使我愈變愈好

爸爸經常讚美我，愈讚美就讓我愈想把事做好。例如：他

在信上說：

> 孝即順，順從父意就是孝。有一件事是我想做而未做到
> 的，至今耿耿於懷。你這兩個月的家教費，以及社教館
> 演講比賽的獎金，我想借花獻佛，先完成我的心願，買
> 一部收錄音機給你；這是你最需要的東西，這筆錢做最
> 有意義的使用，那我內心是很高興的。若你將錢寄回
> 來，會使我生氣。
>
> 結果你卻還是將錢寄回來給我，並未依照我的意思去
> 做。你的孝心我了解，但應先買你需要的錄音機才對。

為什麼我會「不聽話」，還是堅持寄錢回家？看到父親下
面這封信，你就會明白。

> 謝謝你！正當家裡一文不名時，收到你寄來的二千元；
> 雪裡送炭，恰到好處。收這封掛號信的是辦公室的同仁
> （因為我出差未來上班），他們感覺到驚奇，異口同聲的
> 說：正在讀書的學生，還經常寄錢回來，真是難得的孝
> 子，可說是萬中難有其一。我的內心是既慚愧又驕傲，
> 正在求學的孩子，遠在他鄉；我這做爸爸的卻忍心無錢
> 寄給你，愧疚自知。但我的孩子卻省吃儉用寄錢回來，

同仁們一致驚奇讚佩，又使我感到有女如斯、怎不驕傲？
我對同仁們的答覆是：「患難見眞情，貧寒出孝子。」

父親的讚美都是一大串的，深怕漏掉哪一部分。例如：他
信上說：

每次讀你來信，都使我對未來的一切，充滿美好的希
望。你是那麼的勤奮向上，永不向困難低頭。你的心靈
純眞，你的行爲磊落，對父母孝順，對弟妹關懷，對黨
國忠貞，對家庭熱愛。你的學生時代，由國小而國中，
由高中而大學，品學兼優、名列前茅；獎金、獎盃、獎
狀等一切榮譽都時時與你同在，爸爸的一切心血，都因
你而榮耀。我該自喜有女如斯也！

雖然我自小家境貧困，讀大學時不僅完全自立自強，還要
幫助家計。但是我一點不以爲苦或覺得委屈，而且很感恩環境
的歷練。我的單親爸爸雖然不能提供豐富的物質條件，不能在
面對兒女需要或想要的東西時，大方說：「爸爸買給你。」但
是他已盡了全力，把最好的都給了我們，我只有滿心的感激！

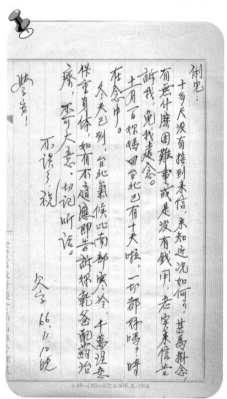

「情意綿綿」的家書

單親父母更要有「絕世武功」

周星馳自導自演的電影「功夫」，片中驚人的絕技，是藉助「電腦特效」完成的。但父母的教養「功夫」卻無法依靠「特效」，必須真才實學。「一日練，一日功；一日不練，十日空」，愈練就會愈好，愈能幫助孩子行為及學業得到突破與超越，進而改變未來的命運。尤其單親父母只能靠自己，更要武功高強。

我的單親爸爸，就是憑藉「樂觀教養五招」，給予兒女充分的父愛，以及「樂觀其成」的期待，因此，突破了家庭經濟條件之不足，以及兒女資質不是頂尖的限制，使每個孩子都能樂觀奮鬥，超越個人極限。

弟弟國中畢業後，未考上公立學校，於是就讀私立五專。服完兵役後靠自己的力量考上工業技術學院（今台灣科技大學），工作兩年後再考上成功大學學士後醫學系。如今成為開業醫師還繼續進修，已取得醫學碩士學位。

大妹國中畢業後，就讀私立高中；高中畢業後一邊工作、還要養兒育女，還能兼顧學業，取得空中大學的學士文憑。如今在外商公司工作，非常能幹、有熱忱。

小妹國中畢業後落榜，經過國四重考班一年，考上高雄女

中。大學畢業後，以在職進修方式赴英取得利物浦大學碩士學位。如今不辭艱難，即將取得高雄醫學大學博士學位。

偉大的單親爸爸

以下即是好父母必學的「樂觀教養五招」。

第一招：付出與關懷

有了子女，就要「甘願作，歡喜受」，「心甘情願」、「甘之如飴」的為孩子付出，如：

1. 早起為孩子準備早餐，以及共進早餐。

2. 晚上在家中「開飯」，並準備明日便當。

3. 接送或陪伴孩子上放學。

4. 專心傾聽孩子的心事，了解孩子的生活世界（人際關係、情緒波動）。

5. 耐心幫助孩子解決學習及生活困難。

6. 多帶孩子出遊，擴充視野並增進親子情誼。

7. 多參與孩子的學校活動（最好是主動投入），讓孩子「充分」感受父母的關愛。

第二招：互動與溝通

每天都有「固定」且「從容」的親子互動時間，如：

1. 共同讀書：包含學校課業及課外讀物，唯有親子共讀，才能了解孩子的興趣與能力，及早發現及解決孩子的學習困擾。

2. 利用共同遊戲、休閒、散步或床邊故事等時間，使親子有足夠機會彼此分享及了解。

3. 要和孩子「打成一片」，得有相當的溝通技巧。例如：同理心、傾聽、商量、諒解、幽默、笑容。

4. 孩子「犯錯」不僅難以避免，而且具有教育意義。不

要一味說教、指責或批評、評論、諷刺、懷疑、輕視
等。最後只會使孩子變成一個說謊、膽怯的人，甚至
像「雙面人」般人格偏差。

好父母要經常與兒女談心

第三招：讚美與鼓勵

　　要激發孩子的潛能及勇氣，培養孩子的自信及成功，就必須「不吝」給孩子讚美。讚美要有效，就須：

　　1. 經常的讚美。

　　2. 以正面、肯定的語句讚美。

　　3. 利用公開的機會讚美。

　　4. 以誇張、有創意的方式讚美。

　　5. 舉出具體事件的讚美。

父親的讚美使我拿到博士學位

給孩子正向的鼓勵，讓他敢於探索、不怕犯錯，才能培養挫折忍受力及高 EQ，最終學會自我激勵、獨立自主，也善於激勵別人。除了當面「口說」的讚美之外，亦可依孩子的成熟度，加上「書面」的激勵。

第四招：期待與信任

過高的期待會造成孩子的壓力，反之也會耽誤孩子的發展。所以，要陪伴孩子成長，才能「在前面引導」他做得到的期待。如：

1. 應對孩子有所期待，使孩子「敢於」對自己有更多期待，這樣才能開發孩子的潛能，不會拘泥於失敗經驗或盲目與別人比較。

2. 從做家事及培養良好的學習態度開始，教孩子自我負責，這樣孩子才能生活自理、自我計畫，明白自己的生涯目標，抉擇自己的求學方向。日後工作時亦能敬業，成為「可靠」的人。

3. 在孩子學習做家事及安排自己的學習計畫時，要有耐心的指導及等待。不要因為孩子做得慢、做不好、做不對，即搶過來自己做；讓他覺得父母不信任他，之後就會索性不再嘗試任何新的或不擅長的事務。

第五招：樂觀與永不放棄

樂觀的精神，是為人父母最需具備及永遠堅持的。如：

1. 教孩子樂觀面對事情，不論怎樣的困境，永遠要面向陽光。把自己變成自我充電、電力無窮的發電機，充滿熱情於工作與生活。

2. 父母要先使自己具備樂觀或陽光型的性格，才能達到「身教」的效果。不要對孩子宣洩情緒，或將自己沉重的壓力「轉嫁」給孩子。如：向孩子抱怨或邀功，表示都是因為孩子，自己才會這麼辛苦。

3. 我們永遠不知道孩子未來的前途有多麼開闊，所以不要

好父母的最佳示範——樂觀奮鬥

輕易下定論。要以無比遼闊的胸懷及眼光，接納及相
信孩子；多提供機會，給他嘗試、練習及發揮的空
間。

4. 不要只看到孩子眼前的狀況，或只注意考試的成績，
不理想時就對孩子表現出失望的樣子，甚至放棄。這
會使孩子失去奮鬥的動力，形成自卑、軟弱的性格。

我很遺憾未在父親生前，替他報名「模範父親」選拔；不
過，在我們心目中，他是 100 分爸爸，而且我有信心大聲的
說，他的表現超越許多好父母。但是，我也相信爸爸不需要這
個頭銜，他希望我好好宣揚他「樂觀奮鬥」精神，讓不僅是單
親家庭，包括貧困的、身心受創的家庭，大家都不要放棄及沮
喪。

我們四個兄弟姊妹都很清楚，一位堅強的爸爸讓我們才有
生存下去以及幸福、成功的機會。不要怨恨必須面對的痛苦，
痛苦能帶來成長。

模範父親

打造「五星級」的親師關係

心裡 OS：
「這個嘛……」
死小子，你以為
是誰害的！

「爸！最近你跟老師的交
流很頻繁唷！該不會做
出對不起媽的事吧！」

🌱 我是「五星級」的家長嗎？

由於「少子化」及家長學歷的提升，為了培養高品質的孩子，家長可能對老師產生更多期待。相對的，期待多失望也可能愈大。不少家長總覺得老師不夠盡責，不太關心學生。

然而，學校卻覺得學生問題來自家庭教育不良，並非老師一人的努力可以扭轉。所以，老師不願承擔太多教育責任，以免家長推卸親職。但老師仍對某些消極、悲觀的家長，感到十分無奈。

其實，家長及老師各有立場，看事情的角度自然不同，沒有誰對誰錯之分；但若沒有良好的溝通，則容易加深彼此的誤解，均以為是對方推卸責任，而難以接納對方。若能相互了解與合作，則可避免孤軍奮鬥、事倍功半。而且，團結力量大，親師共同出力與商議，孩子才能得到最好的教導。

從家長這一方面來看，親師合作的前提是，先讓老師覺得自己是個好家長。好家長要練「基本功」，也就是配合學校的教育方針，盡到應有的本分，最基本的是：

1. 每天簽聯絡簿，了解孩子的學習狀況；一般事項可透過聯絡簿向老師請教。若無聯絡簿（幼稚園及高中），

則應常常與老師當面或電話連繫。

2. 注意到孩子的學習困擾，確實關心及協助孩子達成學習目標。

3. 參加學校為家長舉辦的各項活動，如「家長座談」就是必須參加的項目，若不能參加，則須先行或事後與老師連繫，或親自到校拜訪老師。親職講座部分的參與，則多多益善。

4. 了解學校的教育理念與做法，並能共同參與，與孩子一起成長。

5. 孩子若有特殊身心狀況，需要校方協助或老師特別關照，應提前及儘量詳盡的告知學校及導師，不要因擔心被貼標籤而隱瞞。

6. 學校希望家長協助時，要能配合與付出。包括改善自己孩子的狀況，以及擔任班親會幹部及學校志工等。

擔任班親會活動組長時辦烤肉活動

有些家長因為太忙，或以「信任學校」、「交給老師管」為由，而未盡到家長本分。如：

1. 幾乎不參與學校的活動。

2. 不擔任班級或學校的服務工作。

3. 聯絡簿常忘了簽，或未注意老師透過聯絡簿希望家長回應的事項。

4. 當孩子課業或行為狀況欠佳，希望家長「出面」共同商討時，家長卻很難聯絡或避不見面。

如此一來，不免讓學校以為家長疏於管教，認為如果家長都不關心自己的孩子了，單憑老師一人之力恐怕難以成就孩子，於是孩子無形中就被放棄了。若家長因此怪罪學校，常為時已晚或無濟於事；互踢皮球之下，最受傷的還是孩子。

　　當然，過猶不及；有些家長因為擔心孩子不能得到足夠的關心，所以與老師的連繫過於密切，甚至希望老師針對自己孩子的狀況而調整教學。如此一來，會造成老師的壓力，且認為家長干涉教學、不尊重教育專業，反而對家長形成不好的印象，躲避家長唯恐不及。

　　到底，親師間「雙贏」的合作關係為何？

🌱 真正的好家長

好家長不僅要盡到本分，還能自省是否做好下列事項。

🍪 一、我會「經常」與老師連繫嗎？每學期幾次？

現代親師關係不像從前，都由老師單方面發動，也需要家長主動與老師溝通。當然，並不是次數愈多愈好或與老師無話不談，與老師連繫的前提是：不妨礙老師的生活作息、不干涉老師的教學活動。因為，若家長期望以某種教學方式適應自己的孩子，會讓老師感到左右為難。

正常狀況下，如親師座談，是最佳的親師溝通時機；會後，一定要跟老師個別談話，哪怕只有五分鐘，也能增加印象。另外，還要增加與老師自然互動的機會，最好的方式是擔任班親會幹部。此外，若能在老師需要的時候適時伸出援手，例如：協助校外教學、校慶園遊會等，最令老師感謝及感動。

親師座談若無法出席，應與老師電話溝通，或另外約個時間到校拜訪；尤其是親師初次建立關係時。平時約一個月即可主動打電話給老師，詢問孩子的學習狀況或有哪些地方需要家長注意。此時，也許老師正好也有事想找家長商議，就省掉老師打電話的麻煩。所以，好家長一學期至少應「自投羅網」兩

三次，讓老師「抓得住」。

●二、我會「虛心」向老師請教，了解家長需要配合及改進的地方嗎？

　　就算孩子或家長本身已經很好了，還是可以「精益求精」啊！何況有些時候，別人會不好意思說出我們的缺點。例如：去餐廳吃飯，如果老闆籠統的問：「好不好吃？」我們會敷衍的回答：「還不錯！」如果老闆分項詢問：「醉雞好不好吃？」、「酸梅湯好不好喝？」我們可能會對好吃的部分表示讚許：「嗯！酸梅湯很夠味。」對於太肥的醉雞則只說：「醉雞還不錯！」老闆能否聽得出來醉雞是真的好吃還是需要改進？他要如何再問，才能知道顧客確實的感想與建議？

　　老師對於學生的觀感亦然，如果家長問起孩子怎麼樣？就算有些小缺點，老師也可能選擇不說。所以，家長要表現虛心的態度，即使老師說出了孩子的問題，使我們聽了心裡有些不舒服，也千萬不要辯駁，以免老師又把話「收了回去」；要將老師的建議，當做親職教育、父母成長的「必須品」。

　　家長愈虛心，愈能讓老師暢所欲言，孩子才能真正獲益。

🍪 三、我以「負責」的態度及「具體行動」，讓老師感受我對子女的用心、關心嗎？

父母口頭上都說關心孩子，承諾會注意孩子的某些地方，結果常不了了之，使孩子沒有明顯的改變或進步。例如：遲到、未帶便當、課業退步、交友問題等。當老師希望家長配合解決問題，一段時間後依然故我，經老師再次提醒仍然毫無動靜時，不管老師有多大的教育熱忱，此時，火熱的心也會逐漸變冷。所以，好家長應以實際行動及成果，讓老師感受家長的用心。這類家長應該是最受老師歡迎，最能讓老師感受教學成就感的。

只要父母盡到自己的職責，其他還有需要老師幫忙的地方，老師也會十分樂意與家長一起努力。所以，家長愈好，老師也會愈好。

🍪 四、我樂於「奉獻」自己的專長及熱忱，協助老師班級經營嗎？

若還能為老師「分憂解勞」，不論是教好自己的孩子，或「幼吾幼以及人之幼」，協助輔導班上其他學生，都能因此而與老師形成更正向的親師關係。老師大都希望這類家長多些，能

關心班級教學及學校活動，依其專長適時為班級提供服務；當然，家長不能因此侵犯老師的專業，更不能否定老師原本的教學。

家長對老師及班級之關心及協助，是給予老師最大的鼓勵；反之，家長若太冷漠，班級的學習動力也會下降。現代家長一定要改變「學習是學校的事」的傳統觀念，家中要設法「有人」參加孩子的教育活動，最好雙親都能參加。

女兒以前的幼兒園——太平洋托兒所，就是個相當注重親師溝通的學園。園長「羊媽媽」（因為曾在遊藝會的戲劇中扮演羊媽媽一角），會要求家長親自接送孩子，這不但可以增加親情，更可隨時進行親師互動。她也經常為家長舉辦親師生三方共同參加的活動。例如：爸爸早餐會、媽媽早餐會、親子運動會、親子化妝舞會、音樂發表會等。因為家長天天看到老師，以及經常參加學園舉辦的活動，所以親師間愈來愈像一家人，溝通上自然不成問題。

與班上家長分享如何帶領孩子閱讀

🎨 五、萬一遇到親師衝突，我能保持「理性」與「冷靜」，繼續「包容」與「尊重」老師嗎？

親師之間若有任何問題，一定要「面對」及「解決」，但須採取不造成傷害的方式，絕不可人身攻擊，應抱持「不溝通不相識」、「話不說不明」的積極心態。

孩子漸漸長大，「在家靠父母，出外靠老師」。即使親師間有些不和，無論如何都要心存感激，感謝老師照顧我們的孩子：因為老師同時要照顧那麼多孩子，真不是件容易、輕鬆的

事。接著一定要以包容及尊重的態度對待老師,這是最基本的禮貌與做人道理。家長不能因為護子心切,而急於指責老師,結果問題尚未解決,孩子可能已被誤導。誤以為只要能爭取到自己的權益,不需要顧慮禮節,更不要談師生之情。

若不能理性與冷靜,在情緒衝動之下,不論是動口或訴諸行動,如向教育局檢舉、找民代出面處理、召開記者招待會等,均容易淪為輸贏及意氣之爭,使問題複雜化。侯文詠的小說《危險心靈》,被改拍成電視劇,描述一個國中生,遭到老師不當的管教、親師生衝突、被迫轉學等對待。於是父母與若干關心教育的社會人士,如教授、記者等,一同和學校談判,並策劃各種抗議活動(包括到教育部前靜坐抗議),以爭取學生的權益。這部小說及戲劇,確實反映不少教育真實的場景,令人感慨及深思。但畢竟不是教育的全面,不是每個老師及學校都如劇中一樣。所以,我仍鼓勵家長抱持信任態度,先與老師懇談(也可用書面溝通);實在溝通不良時,再向學校的主任、校長求助,或商請家長會出面。

與老師建立良好關係，是對兒女的最佳示範

親師溝通出問題時，該怎麼辦？

「顧客滿意度」是現代企業經營的重要指標，尤其近來許多公營單位轉為民營企業後，加強對顧客的服務，成為一項重要的改變。但是切莫誤會，我並非把家長比喻為「買方」（顧客），而對學校及老師有一定的衡量標準；或對學校的產品不滿意時，可以挑剔甚至「退貨」。而是要汲取企業界注重績效與顧客感受的精神，在親師合作時，家長也可以把老師當成顧客，看看老師對自己教養孩子這項「產品」是否滿意？哪些地方可以改進？從「顧客滿意度」的觀點來看，家長也要注重自己的教養成效及老師的感受。

客觀而言，家長並非顧客，而是與老師共同合作的夥伴。但是在合作過程中，可能發生若干狀況，造成親師溝通的問題。該如何就事論事、對症下藥，使親、師、生三方「三贏」呢？

🍪 一、家長對老師的期望愈高，結果失望也愈大

成功的教育，最理想是親、師、生三方都負起責任；就像「三人四腳」賽跑，每個人的實力相當，每個人都盡力，而且要互相搭配及協助。

最糟糕的是，都寄望別人跑快一點，或怪罪別人跑不快而拖累大家。

親師合作亦然，如果覺得對方不夠努力，或把責任推給別人，不僅合作不愉快，也無濟於事。家長當然可以期盼好老師，但標準不要訂得太高，也不要跟從前的老師或其他班級的老師相比（雖然忍不住會如此）。人是不可以比較的，「人比人，氣死人」。

可以將對老師的若干期望轉為建議，老師能做到，我們就表達萬分的感謝。反之，老師對家長有所期望時，家長也要做到以回報。老師無法配合每個家長的期待，所以沒做到也沒關係。

馥茗恩師常提醒：「不要把自己的希望，當成別人的應該。」反之，「成熟的人，就是知道自己應該做什麼。」家長如果能明白這個道理，就能先要求自己做到應做的事；若老師願意為孩子做任何事，都要覺得感恩。所以，每逢教師節、聖誕節，我都提醒女兒一定要記得送卡片給老師。女兒有繪畫興趣，加上雙魚座浪漫的個性，卡片大多親自手繪。國三那年，為了給老師及全班同學每人一張聖誕卡，從構圖到完成，整整花了半年。也許讀書時間因此減少，模擬考成績因此退步，我仍支持她做該做的、想做的事。

教導孩子對老師表達感謝
（左一為我的小妹淑芳，左三為我的單親爸爸，左四為我的弟弟新民）

二、家長對某些老師較不放心、不能信任

　　年齡可能是原因之一，有些家長較不放心年輕的老師（尤其是初任教師），覺得他們經驗不足、班級經營能力較差，甚至有些孩子氣、情緒化。有些家長較不放心年長的老師（尤其是快退休的教師），覺得他們活力不足，有時教學不夠活潑，孩子較不喜歡親近。

　　個性可能也是原因之一，有些家長較不放心嚴厲的老師，覺得這樣的老師不好親近與商量，也擔心他們懲罰學生可能較

重。有些家長較不放心「太和善」的老師，擔心因此管不住孩子，對孩子的要求不夠嚴格，以致學習成就低落。

總之，不論任何原因，並沒有完美的老師，家長不要先有成見。先觀察一陣子，與老師有了較多互動之後，也許就會改觀。家長先不要以各項理由否定老師，除非老師真有品格瑕疵與言行偏差；在與老師溝通後，若家長仍無法解除心中的疑慮，則建議向學校的學務主任或輔導主任請教，請其了解事情的全貌，再看是否可以圓滿解決。

🍪 三、家長覺得孩子受到不公平待遇或不當管教時

這部分的親師衝突，最容易因主觀感受而失控。家長若能冷靜下來、稍安勿躁，先與老師「面對面」溝通，見面三分情，也許很快能澄清誤會，老師也得以調整某些教學與管教方式。或採「書信」溝通，家長可以較詳盡、客觀的陳述；老師收信後也有空間思考如何回應。

家長若已努力與老師「直接溝通」，但效果仍不好時，別輕言「轉班」、「轉學」，可先向學校行政單位求助。教務主任通常是學校最擅長溝通的人（常要代表學校發言），也許可以交由他來協調。

家長有時會覺得「人微言輕」，但「為母則強」，畢竟自己

最了解孩子的特質，所以最需要維護孩子的學習權益。父母為孩子爭取應有權益的理性行為，也是一種身教。

四、家長與老師的教育理念不合，或老師覺得家長對孩子過於呵護時

父母之間的教養觀念與方式也可能不一致，所以需要溝通，親師之間亦然。家長不要在與老師教育觀點不合時，就覺得一定是老師的錯；如此各執己見、相持不下，會令孩子在校時坐立難安，擔心老師因此不喜歡他。

家長最好與老師當面溝通，聽聽對方的想法，彼此各讓一步。最怕的是拖延溝通（其實是不想溝通），只在背後批評老師，給孩子做了壞的示範。溝通不是質詢，家長只是表達個人意見，而且，即使理念不同，仍要注意說話的禮貌與藝術；否則極易與老師產生對立，甚至引發親師衝突。

好家長一定先要求自己，承擔大部分「把自己的孩子教好」的責任，以充滿感激的心情，謝謝老師對孩子的付出。

Lesson 12

好父母的讀書會

教育技巧是需要學習的，本課推薦四本好父母「必讀」的
教養好書。

第一本：《史賓塞的快樂教育》

（赫伯特‧史賓塞原著，顏真編譯，2003，城邦）

史賓塞（H. Spencer, 1820-1903）是英國著名的哲學家、
社會學家及教育理論家。他先後獲得 11 個國家、32 個學術團
體及著名大學的榮譽稱號，並被提名為諾貝爾文學獎候選人。
他的思想引發美國的教育改革，衝擊英、法、義等國的教育。
他的作品距今已一百年了，但仍深深影響現代及未來的教育。

其實他也是一個教育的實踐者。他的遠房堂兄丹尼‧史賓
塞，是和他一起長大的好朋友；堂兄結婚後，希望史賓塞能幫
忙教育他的孩子。於是，從胎教開始，史賓塞就熱心提供堂兄
各種育兒方法，儼然成了育兒專家。不幸的是，小史賓塞 2 歲
時，堂兄意外去世，堂嫂含淚將小史賓塞交給他而離去。史賓
塞終身未婚，還請了一位鄉下婦人一起教養小史賓塞。

在他的教育之下，小史賓塞 14 歲就被劍橋大學破格錄
取，後來在許多領域均有卓越的成就。也因此，史賓塞經常被
人請教「育兒之道」，他所建議或運用的教育方法一再被人採

用，而且效果卓著。

　　史賓塞的想法或方法，並非針對天才而設；以下介紹幾項供您參考，也請您順便想想自己育兒的情況如何？該怎麼改進？

🍪 一、有家長參與的教育和學習，會大大增強孩子求知的興趣和信心

　　即使學校教育已經非常成功，父母的參與仍可增強孩子的學習熱忱，建立孩子的自信。如果你對學校教育有些不放心，就更該多多參與孩子的教育與學習！

🍪 二、有孩子的家庭，就像多了一面鏡子，他能照出你內心的一切。你快樂，他也快樂；你暴躁，他也暴躁……

　　所以，教育孩子的過程，就是教育自己的過程；你希望孩子怎麼樣，自己就先該成為那個樣子，或與孩子一起變成那個樣子。

三、教育的目的是，讓孩子成為一個快樂的人；教育的手段和方法，也應該是快樂的

所以，要努力營造家庭快樂及鼓勵的氣氛，讓孩子有自我實現與成就感。

四、家長要努力做個樂觀、快樂的人。一個快樂的人，多半看到的是孩子的優點

所以，反過來說，多半看到孩子缺點的父母，通常因為自己不快樂，而不是孩子有問題。

五、先把孩子的情緒調到快樂、自信、專注，然後再開始學習

不要在孩子情緒低落或剛剛哭鬧後，強迫他學習。把教育變成漸進的工程，擬定一個每週的小計畫，日積月累，自然會看見成效。因為小計畫較容易成功，孩子較容易獲得快樂。這樣就會一直累積，耐心等待收穫。

六、孩子面對一個嚴厲、總是斥責他的父母，即使你真的很愛他，對你所說的和要求的也會厭倦

經常訓斥孩子，會使你在孩子心目中形成可怕、令人不安的印象；你一出現，孩子就緊張。因為對父母的不信任，學習效果自然不好。

第二本：《融通的教育方法》

（賈馥茗著，2007，五南）

　　介紹馥茗恩師的好書，我的感觸就更深了。恩師雖然終身未婚，沒有生養過兒女，但若不是她的提醒，我這個學教育卻讀不通的媽媽，會繼續「誤己子弟」。她真是我們學生兒女輩的「救星」，我相信有幸成為她學生的人，都會同意我這句話。感謝馥茗恩師對我這個「不賢明的」家長及時的警示，以及對孫輩們大力的鼓勵。兒女都很喜歡賈奶奶，因為他們能感受賈奶奶最真誠的關心、接納與欣賞。

　　馥茗恩師能將教育理論與真實情境結合且活用，是真正的教育大師。恩師關心全程的教育，從胎教開始，一直到18歲讀大學為止。不同的階段，父母要採取不同的教育重點與方式。在循序漸進的家庭教育之下，等孩子讀大學時，就只剩學校與孩子自己的事了，父母可以「放心的」放手。

　　恩師這本書，就如書名所說：「融通的教育方法」，強調對教育觀念及做法的「融會貫通」。跟隨恩師多年，我對教育專業愈來愈覺敬畏：不僅因為家庭、學校及社會任一層面的教育若是偏差，對一個人會有莫大的負面影響。更體會到，教育方法的融通運用十分不易，需要很大的智慧。

馥茗恩師是真正的教育大師

我雖不具備這種智慧，但很幸運跟隨恩師二十餘年。如今恩師不在，我只好多讀恩師的著作，反覆溫習及自省，更要藉著這本書，讓所有家長也能同享恩師的溫暖與高明，早點走出教育子女的迷惘，找到正確的教養方向。

以下分享幾則恩師的教育箴言。

一、嬰兒雖小，未必懂得母親的意思，卻能感受到平和與急躁

所以，母親要保持平和的心情，才能使嬰兒感到安全，可以安定如常（無謂的啼哭不多）。反之，母親急躁，嬰兒也會感到不安，因而失去安全感，容易緊張。

🍪二、「不能任意而為」，是「人生第一義」。這第一義必須「訓練」

所以，為了達成最初的教育目的，對於幼兒必須加以訓練。否則幼兒無知，不懂得「什麼可以」與「什麼不可以」，得靠父母明顯的「允許」與「強制禁止」，使其知道行動有「可」與「不可」之分。「服從」是他命定的「義務」，這時得使幼兒學習服從。

🍪三、孩子學習成績的高低，與家長的榮辱完全無關。這項「認知」的錯誤、「角色」的混淆，污衊了學習，扭曲了教育

所以，若家長把全部心意都放在孩子「考得好」之上，以便逐步進入「名校」，自己的面子才有光彩。卻忘了學習是為了孩子本身，最終可能「摧毀」了下一代。

🍪四、兒女進入國中以後，親子溝通一要耐心的聽他申訴；二要注意父母說話的語氣

所以，兒女漸長，父母的溝通技巧也要跟著「更新」。語氣應該緩和，如同對朋友般溫和扼要，要用商量的口吻。要他

服務時，也要說得委婉。如此種種，使孩子感到自己不再是小孩子。

●五、進大學多學習是好事，但有先在條件，「才能」與「志向」缺一不可

所以，馥茗恩師提醒一心想子女考入名校的學生家長，不要子女替家長爭取榮譽而影響了親情。雖然勤能補拙，也能因努力而擠進名校，但更重要的是「才能」與「志向」，有了這兩個條件，是不是進入名校並不重要。主要還是在自己的努力，不是名校出身而自學成功者也很多。

我可以作證，馥茗恩師絕非理論家，她所說的全都經過印證，我們都眼見為憑。然而，恩師一定很難過，因為她所指出的種種教育問題，經過多年的教改，反而愈來愈嚴重。所以，我們都會更努力繼承師志，繼續為改善教育問題而奮鬥。

《融通的教育方法》，五南出版

第三本：《107 招教養孩子的神奇魔法》

（伯尼・西格爾著，蔡心語譯，2007，久周）

十多年前，在我最惶恐、無助時，讀到醫學博士伯尼・西格爾（Bernie S. Siegel, MD）寫的《愛、醫藥、奇蹟》這本書，讓我的生命有了正確的方向。當時，我擔心重病的老父，所以跟著老父一起與死神拔河，不自量力的結果，也跟著病倒了。《愛、醫藥、奇蹟》這本書及時救了我，讓我決心做個「特殊的病人」。結果，不僅父親度過了 48 天加護病房插管急救的日子；我也能坦然面對父親急性心肌梗塞、造成重殘的事實，與家人一起「陪伴」父親，過更有品質的生活。

而今又有緣見到伯尼・西格爾博士的新書《107 招教養孩子的神奇魔法》，我相信上天賦予我一項新使命，要我「全力推薦」這本書，幫助更多目前處於惶恐、無助的父母，像成為「特殊病人」一樣，也成為「特殊的父母」。讓子女因而快樂、成功，過更有品質的生活。

伯尼博士和妻子芭比共有 5 個孩子及 8 個孫子，他們在康乃狄克州紐哈芬（New Haven）郊區的家，活像一座藝廊兼博物館、動物園，甚至是汽車修理廠。伯尼博士的職業是小兒外科醫生，並擔任絕症患者的醫療顧問；曾被有自殘及受虐經驗

的兒童，選為「理想老爸」。伯尼博士從工作及生活經驗中，整理出這本教導父母如何正確養兒育女的書。

《107招教養孩子的神奇魔法》絕對是本好書，它的內容豐富、實用又有智慧。舉凡你能想得到的任何育兒的疑難雜症，以及你沒有想到某些也應屬父母的責任，均包羅在內，如：金錢的使用、排行的影響、家庭幽默感的重要、在家中歌唱……等。伯尼博士認為：

在健康的撫養和大量的愛當中，孩子會有更好的機會達到身心均衡發展。

父母要相信孩子，才能培養他們的自信心。

要時時陪在孩子身旁，儘可能用各種方法碰觸他們的身體和生命。

只要他們感覺到你的關心，知道跌倒時你會立刻伸手攙扶，才能邁開大步、勇闖人生。

在此分享一些伯尼博士的教育箴言。

● 一、花時間陪孩子，給他們心理上的支持，這是你能為他們做的最重要的事

所以，父母不要捨本逐末，追求外在的財富名望，卻不能使近在眼前的兒女感到滿足。

🍪 二、鼓勵家人每天晚餐時說笑話

伯尼博士建議吃飯時問家人，是否有好笑的事可以分享。這麼做能幫助孩子多注意每天發生的趣事，因為到了晚餐時間要告訴大家，所以必須花腦筋記起來。

🍪 三、小心觀察他們的行為，儘量別單純的以為兒女只是太固執，或把情況當成「只是階段性問題」，而錯失了真相及改善的良機

父母要常自問：孩子面臨問題時，你知道嗎？你如何判定原因？你夠關心孩子嗎？

🍪 四、成功不會讓你快樂，快樂卻會讓你成功

當孩子徬徨於重大的人生抉擇時，避免對他們說教，或強加自己的看法或意見給孩子。反而要告訴他們應該做會令自己感到快樂的事。

雖然東西方文化背景不同，我們無法完全做到伯尼博士對兒女的教育方式；但是其中的精神以及帶給東方父母的反省，卻是十分值得參考的。

《107 招教養孩子的神奇魔法》，久周出版

第四本：《爸媽說話課——和孩子溝通的技巧》

（奇克・摩曼著，陳宏淑譯，2001，麥田）

教育孩子固然是「身教」重於「言教」，但「身教」常透過父母的「言教」顯現；所以，父母一定要留心自己說了什麼，並注意這些言語對子女的正負面影響。

父母都希望培養自動自發、自我負責、有自信的孩子，但若常說：

來，我來幫你。

我會幫你解決的。

你還太小，沒辦法……。

這太複雜了（太麻煩了……）。

下雨了，所以我把你的腳踏車放進車庫裡。

如此一來，孩子在缺乏信任及練習之下，會逐漸變得無能。父母正確的說法應是：

你想拿著外套還是穿上外套？

其實你擁有的選擇，比你想像的更多。

由你決定。

問問你自己。

大學時代我有幸參加「語言研究社」這個社團，開啟我對「說話藝術」探索的興趣。而今我更深信：「不同的說話方式，的確會導致不同的結果。」這個結論用在未成年孩子身上，效果更為顯著：孩子幾乎依照成人的言語塑造個人形象，甚至未來的命運。當我讀到父母跟孩子說「不可能」，對孩子可能造成的影響時，我想到自己與女兒之間的一個困境，真懊惱沒有早兩年讀到這本書。

2006 年 4 月，女兒國一下學期（七年級）時，有一天她「突然」說：「高中時，我要讀師大附中。」望著她剛考完段考，平均 74.6 分的成績，我心裡想「不可能」，嘴裡一時不知該怎麼回應。經詢問學校的教務主任，什麼樣的成績才能考到師大附中？結論是：基測五科要有三科滿分，平時在校成績得是班上第一、二名，段考平均至少 95 分，校排名要在前 30 名。我聽了嚇出一身冷汗，於是儘量保持平常的口吻，告知女兒這個「殘酷」的現實。她聽了立刻掉出大滴淚水，說：「不要理我！讓我一個人靜一靜！」我看了好心疼，趕緊寫一封信給她：

我最親愛、可愛的女兒：

　　看到你淚漣漣，我猜你是因為覺得自己考不到班上第一、二名，而覺得難過，對不對？媽媽要告訴你，我對你的一切非常滿意，你也一直在創造奇蹟。例如：漫畫比賽特優、漫畫成為國小畢業紀念冊的封面、數學成績從 60 分進步到 89 分、得到全學期進步最多獎、很認真寫寒假作業等，這些都是我佩服的。

　　所以，不論你做什麼，我都全力支持；考不上師大附中也沒關係，我一樣好愛你，你一樣是爸爸最心疼的女兒。別哭了！不論你成為什麼，只要是能助人、愛人，都是媽媽希望的樣子。你的能力愈強，以後的責任愈大，要幫助及關愛的人愈多。

媽媽

2006.4.11

　　女兒看完這封信之後，仍堅持一定要讀師大附中。我當時的回應是：「好！媽媽會幫助你一起達成夢想。」之後，經常有人提醒我：「如果你的女兒沒有考上師大附中，該怎麼辦？」我一直沒有面對這個問題，直到女兒放榜時，因為現今考試多

錯一、二題，即與第一志願失之交臂的情況，我看到她的自信心受損，以及她不管考上其他什麼學校都漠不關心，我就知道說錯話了。之後要花許多心力，才能重建她的自我形象。

當時她說要讀師大附中，正確的做法應該是保持中立態度，不要預設任何立場。因為，我們無法預測孩子的未來，不知道最後會不會達成目標。所以，既不要說：

「以你的成績，要考上師大附中是不可能的。」

也不要說：

「你一定能達成夢想。」

要把重心擺在他的決心、意力及聰明才智上，最好的說法是：

「媽媽很佩服你的決心和毅力，只要你訂了目標，就會想辦法去實現。」

我們只要強調決心的重要，同時鼓勵孩子抱持崇高的目標與抱負，就對了。

父母的言語，可能會成為孩子的束縛，限制了他們的眼光，不讓他們了解生命中許多的可能性。所以，父母要將這種

限制性的字眼——「不可能」、「一定能」連根拔除。讓孩子有更大的彈性、最小的壓力，去開展自己的天空。

《爸媽說話課》，麥田出版

　　好父母當然不能只看上述四本書，這四本是「必修」，其他「選修」的好書，就靠父母自發或相互推薦囉！

國家圖書館出版品預行編目資料

快！別再錯過──好父母的 12 堂課 / 王淑俐著. 胡鈞怡內文繪圖
-- 初版. -- 臺北市：心理, 2008.11
面； 公分.--（親師關懷系列；45030）

ISBN 978-986-191-206-6（平裝）

1.親職教育　2.子女教育　3.親子關係

528.2　　　　　　　　　　　　　　　　　　97020123

親師關懷系列 45030

快！別再錯過──好父母的 12 堂課

作　　　者：王淑俐
內文繪圖：胡鈞怡
責任編輯：郭佳玲
總　編　輯：林敬堯
發　行　人：洪有義
出　版　者：心理出版社股份有限公司
地　　　址：台北市大安區和平東路一段 180 號 7 樓
電　　　託：(02) 23671490
傳　　　真：(02) 23671457
郵撥帳號：19293172　心理出版社股份有限公司
網　　　址：http://www.psy.com.tw
電子信箱：psychoco@ms15.hinet.net
駐美代表：Lisa Wu（tel: 973 546-5845）
排　版　者：辰皓國際出版製作有限公司
印　刷　者：東緯彩色印刷有限公司
初版一刷：2008 年 11 月
初版二刷：2009 年 12 月
ＩＳＢＮ：978-986-191-206-6
定　　　價：新台幣 280 元